lonely planet

DE CERCA
ESTOCOLMO

Nanjala Nyabola

Sumario

Arriba: caballos de Dalecarlia en una tienda de Estocolmo. Abajo: Stortorget (p. 45).

Puesta a punto 4

Explora Estocolmo ... 33

Guía práctica ... 143

DESDE ARRIBA DE IZDA. A DCHA.: MAURIZIO DE MATTEI/SHUTTERSTOCK ©, KIRK FISHER/SHUTTERSTOCK ©

★ Imprescindible

El viaje empieza aquí

Estocolmo tiene mucha clase, ya sea en sus edificios antiguos y museos o en sus distinguidos restaurantes. La ciudad consiste en una red de islas, cada una con un carácter ligeramente diferente, que tienen en común una elegancia sin pretensiones. No es un lugar que se caracterice por sus grandes monumentos; su encanto reside en ser un lugar tranquilo, pese a su condición de urbe, en los pequeños museos, en sus productos locales, sus festivales gratuitos o sus zonas para practicar deporte. El estilo no es algo que se consiga así como así: se tiene o no se tiene. Y Estocolmo, sin duda, lo tiene.

Nanjala Nyabola
@nanjalaone
A Nanjala le encanta viajar, subir montañas, correr maratones y escribir sobre ello. Ha participado en la documentación de varias ciudades para Lonely Planet.

Gamla Stan (p. 35).

LO MEJOR

Museos

No faltan en Estocolmo: desde grandes colecciones históricas hasta pequeños museos especializados, hay para elegir.

En el **Nationalmuseum** se puede descubrir la historia de Suecia. También cuenta con una amplia programación para niños. (p. 60; foto)

Las instalaciones interactivas del **Tekniska Museet** permiten empaparse de conocimientos. (p. 110)

Los grandes de la fotografía y las artes relacionadas se dan cita en el **Fotografiska,** un museo de fama mundial. (p. 90)

Pasear por el primer museo al aire libre del mundo, el **Skansen.** (p. 69)

Las hazañas de algunos de los grandes líderes y pensadores mundiales sirven de inspiración en el **Nobelmuseet.** (p. 45; foto)

Sacudirse las penas bailando al son de una de las mayores contribuciones de Suecia al mundo en el **ABBA: The Museum.** (p. 79)

Dcha.: Fotografiska (p. 90).

Fotografiska

LO MEJOR

Experiencias al aire libre

En Estocolmo siempre hay cosas que hacer al aire libre. Para una visita activa, es el lugar ideal.

Al franquear las puertas de la **Blå Porten** se entiende por qué los grandes terrenos de Djurgården fueron en su día la zona de recreo de la realeza. (p. 76; foto)

Se puede alquilar un kayak y navegar por el río o junto a las pequeñas islas de **Långholmen.** (p. 95)

Un paseo para estirar las piernas permite disfrutar de los extravagantes edificios del **Hagaparken.** (p. 131)

Recorrer el pulmón de Estocolmo en el barrio de **Ladugårdsgärdet.** (p. 108)

Tomar el sol en la playa de **Smedsuddsbadet** y rematar con una caminata por el sendero adyacente. (p. 123; foto)

Alquilar una bicicleta o ponerse las zapatillas de *runner* para unirse a los numerosos entusiastas del deporte de **Tantolunden.** (p. 97)

Dcha.: kayak entre Långholmen y Södermalm (p. 95).

LO MEJOR

Sitios de la realeza

La huella de la realeza sueca se extiende por toda la capital, así que los amantes de la opulencia monárquica disfrutarán a sus anchas.

Experimentar la grandeza y el lujo de una de las familias reales europeas más conocidas en el **Kungliga Slottet.** (p. 38)

Escapar de la ciudad y pasear por el palacio y los terrenos del **Drottningholm Slott,** residencia real. (p. 21; foto)

Pasear por un impresionante monumento a la extravagancia real y la naturaleza urbana en el **Hagaparken.** (p. 131)

Aprender sobre la compleja historia religiosa de la realeza sueca en la sobrecogedora **Riddarholmskyrkan.** (p. 43)

Admirar el glamur de la sala dorada de la **Operan.** (p. 54; foto)

Dcha.: Riddarholmskyrkan (p. 43).

LO MEJOR

Galerías

Muchas veces las mejores cosas vienen en formato pequeño, como las galerías y museos de Estocolmo.

Descubrir a la autora de literatura infantil más aclamada de Suecia en su propia casa, reconvertida en el museo **Astrid Lindgrens Hem.** (p. 136; foto)

Deleitarse con la celebración del arte y el amor que es el **Millesgården.** (p. 111)

Maravillarse con el patrimonio artístico donado a la ciudad por un prolífico coleccionista en el **Prins Eugens Waldemarsudde.** (p. 83; foto)

Caminar entre los moldes y prototipos del estudio de uno de los escultores más conocidos de Suecia en el **Carl Eldhs Ateljémuseum.** (p. 136)

Dcha.: Carl Eldhs Ateljémuseum (p. 136).

LO MEJOR

Experiencias vikingas

La ciudad más grande de Escandinavia alberga numerosos puntos de interés dedicados al pueblo más famoso de la región.

Descubrir la realidad sobre uno de los pueblos más mitificados del mundo en la sección dedicada a los vikingos del **Historiska Museet.** (p. 104)

Alternar entre mito y realidad en el **Viking Museum.** (p. 78; foto)

Recorrer las calles de Gamla Stan en busca de la **U 53** (p. 30), la emblemática piedra rúnica de Estocolmo.

Pasear por las calles del museo al aire libre **Skansen** para descubrir sus exposiciones sobre la época vikinga. (p. 69; foto)

Kungliga Slottet (p. 38).

LO MEJOR

Arquitectura

Los edificios de Estocolmo son testimonio de la historia que ha dado forma a la ciudad, desde tributos a la realeza hasta celebraciones de la estética moderna.

Para empezar por el principio hay que conocer el sitial del poder real, el majestuoso **Kungliga Slottet.** (p. 38)

Admirar los impresionantes detalles del ayuntamiento, el **Stadshuset,** antes de relajarse en sus pequeños pero deliciosos jardines. (p. 117)

Un día en el campo disfrutando de la grandeza del **Drottningholm Slott.** (p. 132)

Descubrir la sede de una de las orquestas más antiguas del mundo en la **Operan.** (p. 54)

Un viaje al pasado con los edificios clásicos que bordean **Stortorget.** (p. 45)

LO MEJOR

Excursiones en bici

Las amplias pero llanas extensiones de Estocolmo se prestan a montar en bici –y a salir a correr–, así como sus redes de senderos, aptos para todos los niveles.

Alquilar una bicicleta en el **Royal Djurgården Visitor Center** y explorar las joyas de la isla. (p. 150)

Avanzar por el campo, junto al agua, hasta el **Drottningholm Slott.** (p. 132)

El sendero por Kungsholmen recompensa con impresionantes atardeceres en **Fredhällsbadet** y **Smedsuddsbadet.** (p. 120)

Desde Östermalm, se puede llegar sin prisas a la isla de **Lidingö** para descubrir la tranquilidad de las afueras de Estocolmo. (p. 111)

Unir los puntos entre Djurgården y el Hagaparken a través del **Kungliga Nationalstadsparken.** (p. 131)

En bici por Estocolmo.

Lo mejor para niños

Inspirar a los más pequeños descubriendo la vida de los premios Nobel en el **Nobelmuseet.** (p. 45)

Deleitar a los más jóvenes con un día en el **Junibacken.** (p. 80)

Refrescarse en las aguas del **Tantolunden** con un baño oceánico en un día caluroso de verano. (p. 97)

Disfrutar de las demostraciones con animales del **Skansen Akvariet.** (p. 78)

Descubrir y explorar las instalaciones interactivas del **Tekniska Museet.** (p. 110)

Lo mejor gratis

Desentrañar los secretos ocultos y no tan ocultos de la historia de la ciudad en el **Stadsmuseet.** (p. 94)

Disfrutar de las colecciones permanentes del **Nationalmuseum.** (p. 60)

Deleitarse con las excentricidades de la realeza entre edificios extravagantes y encantadores paisajes en el **Hagaparken.** (p. 131)

Pasear por sus senderos y encontrar todas las esculturas del exuberante **Djurgården.** (p. 76)

Disfrutar de un impresionante atardecer con un largo paseo por el camino que conecta el **Stadshuset** (p. 117) con el **Rålambshovsparken.** (p. 122)

Gozar de las vistas del casco antiguo desde el punto más elevado de Södermalm en **Monteliusvägen.** (p. 93)

Tres días perfectos

Lo primero es ir a la *bageri* más cercana para pedir un *fika* (café con bollos) y prepararse para disfrutar de Estocolmo.

Bollería en una panadería de Estocolmo.

PRIMER DÍA

Si solo se dispone de un día

MAÑANA

Se sale de la estación de metro de Gamla Stan y se siguen las señales amarillas y marrones hasta el **Kungliga Slottet** (p. 38). Hay que dirigirse a **Stortorget** (p. 45) para ir al **Nobelmuseet** (p. 45) y almorzar en **Grillska Husets Konditori** (p. 48).

TARDE

Tras ver el cambio de guardia, se puede pasear hasta Kungsholmen y visitar el **Stadshuset** (p. 117). Luego, una parada junto al agua para disfrutar del atardecer.

NOCHE

Se visita Södermalm (foto) empezando por **Monteliusvägen** (p. 93) para disfrutar de las vistas de Gamla Stan y tomar algo en uno de sus bares.

SEGUNDO DÍA

Un fin de semana

MAÑANA

Se empieza en el **Nationalmuseum** (p. 60) para una clase rápida de historia de Suecia. Después, al **ABBA: The Museum** (p. 79; foto) para una lección sobre los orígenes del pop sueco.

TARDE

Desde el **Royal Djurgården Visitor Center** (p. 150) se hace la ruta en bici por la isla admirando las esculturas. Para disfrutar del arte moderno, se recomienda el **Moderna Museet** (p. 74) en Skeppsholmen.

NOCHE

En el **Östermalms Saluhall** (p. 110) se disfruta de la cena en uno de los espacios más emblemáticos de Estocolmo.

TERCER DÍA

Una escapada

MAÑANA

Se empieza con una visita al **Tekniska Museet** (p. 110) y después, al **Historiska Museet** (p. 104).

TARDE

Hay que visitar la **Operan** (p. 54), con su majestuoso vestíbulo dorado, para después pasear por el **Kungsträgården** (p. 44) antes de comer algo en **Hötorgshallen** (p. 59).

NOCHE

En Vasastan, se hace una visita rápida al **Gustav Vasa Kyrka** (p. 139) o se da una vuelta por el **Sven-Harrys Konstmuseum** (p. 138). En verano se puede dar un paseo al atardecer por el **Hagaparken** (p. 131; foto).

Con más tiempo

Hay que dirigirse a **Långholmen** (p. 95) para un recorrido rápido por el pasado de Estocolmo, incluidas sus pintorescas casas detenidas en el tiempo. Después, un bañito en **Långholmsbadet** (p. 95), si el tiempo lo permite, o una visita al **Långholmen Prison Museum** (p. 95).

Se puede aprender más sobre las culturas tradicionales y contemporáneas de Escandinavia en el **Nordiska Museet** (p. 78). El **Etnografiska Museet** (p. 110) y el **Medelhavsmuseet** (p. 57) tienen exposiciones sobre la identidad sueca. También se puede visitar el **Stadsmuseet** (p. 94) para conocer mejor Estocolmo.

Se pasea por el **Skansen** (p. 69), el museo al aire libre de Djurgården que celebra el pasado y la artesanía de Suecia. Luego, una parada en el **Vasamuseet** (p. 72), el museo más visitado de Suecia, con sus historiadas embarcaciones.

Långholmen (p. 95).

BEN MEADOW/SHUTTERSTOCK ©

Una excursión

Tras el *fika* de la mañana, se toma un bus al **Drottningholm Slott** (p. 132; foto) para disfrutar de uno de los palacios más majestuosos de Estocolmo. No hay que perderse sus jardines ni el pabellón chino. Se puede asistir a una visita guiada en la que se explica la historia del lugar.

Los ferris zarpan desde Slussen o Klara Mälarstrand a las **islas exteriores** (p. 122). Se recomienda apurar la visita para disfrutar del ferri de vuelta, un crucero *low-cost* al atardecer.

En un día de lluvia

Para sacudirse la melancolía, nada como el **ABBA: The Museum** (p. 79). O se puede visitar una exposición en el **Fotografiska** (p. 90), seguida de un almuerzo o cena en su galardonado restaurante.

Se pasa la mañana en **Kungliga Slottet** (p. 38) y la cercana **Livrustkammaren** (p. 39; foto), antes de dirigirse al **Nobelmuseet** (p. 45). Se puede tomar un té y algo de picar en **Grillska Husets Konditori** (p. 48).

Prepararse

ANTES DE PARTIR

Tres meses antes Si se va a asistir a eventos como la maratón o un concierto en el Friend's Arena, hay que reservar alojamiento con mucha antelación.

Un mes antes Los vuelos a Estocolmo desde otras capitales europeas alcanzan sus mejores precios un mes antes del viaje.

Una semana antes Reservar en los restaurantes de moda.

Costumbres

Las conversaciones en voz alta en el tren, el *tunnelbana* (metro) o el autobús están mal vistas. Por supuesto, los niños no cuentan; al contrario, se espera que disfruten ruidosamente de la ciudad.

No hay que caminar por los carriles bici: mucha gente va a trabajar en bicicleta.

Hay que pagar las bolsas en casi todos los comercios. Se recomienda llevar una para ir de compras.

Dinero

En Suecia se priorizan las tarjetas en todas partes; incluso en algunos sitios se no acepta efectivo. Así pues, no hace falta cambiar dinero en el aeropuerto, pues incluso el transporte público se puede pagar con las principales tarjetas.

Conviene saber

Suecia no utiliza el euro. La corona es su moneda oficial y es una divisa fuerte, así que los precios de muchos artículos cotidianos son altos. Es algo que hay que asumir y procurar no darle muchas vueltas.

Fuera de los bares solo se puede comprar alcohol en las *systembolaget* (tiendas de alcohol estatales). Hay unas cuantas en la ciudad, todas con el mismo logo; es fácil encontrarlas. Cierran temprano los sábados por la tarde y no vuelven a abrir hasta el lunes.

Muchos de los puntos de interés de Estocolmo ofrecen descuentos para estudiantes, personas mayores y niños. Hay que consultar la página web o preguntar en recepción. Con un carné de estudiante vigente también se puede obtener un 50% de descuento en el abono de transporte semanal.

PROPINAS

Las propinas no son obligatorias, pero se agradecen, aunque la cuenta suele incluir un cargo por el servicio.

10%+
Restaurantes y coctelerías
10% por un servicio excelente

0-10%
Otros bares y cafés

0-10%
Taxis

0-10%
Personal de hotel

PRESUPUESTO DIARIO

Económico Menos de 2000 SEK

- Cama en un hostal: **230 SEK**
- *Ramen* en un bar de *noodles*: **210 SEK**
- Entrada a museo: **130-160 SEK, a veces gratis**
- Transporte público diario: **175 SEK**

Medio Entre 2000-5000 SEK

- Habitación doble con baño: **1640-2700 SEK**
- Cena de dos platos y vino: **250-300 SEK**
- Visita guiada a un museo: **150-250 SEK**
- Entrada a la ópera: **260-670 SEK**

Alto Más de 5000 SEK

- Piso de lujo u hotel de gama alta: **2700-4400 SEK**
- Cena en restaurante de categoría: **540-1100 SEK**
- Entrada *premium* a la ópera: **desde 850-1700 SEK**
- Excursión a las islas en barco privado: **10 000 SEK por semana**

Moneda
Corona (SEK)

Idioma
Sueco

Zona horaria
Hora central europea (GMT/UTC+1 en invierno, GMT/UTC+2 en horario de verano)

MARTIN OF SWEDEN/SHUTTERSTOCK ©

CONSEJO

Si la visita va a durar más de cinco días, el abono semanal de transporte es una buena inversión. Cubre todos los medios, incluidos algunos del archipiélago.

Cuándo ir

Estocolmo se asienta sobre el agua y se nota en su variable clima: incluso en verano, las temperaturas pueden ser bajas. Siempre hay que tener un jersey a mano.

Los inviernos en Estocolmo pueden ser duros, con un clima bastante gris. La nieve se convierte en aguanieve y puede arruinar muchos planes. Sus habitantes suelen consolarse esperando el buen tiempo, cuando todo espacio abierto se convierte en una playa. El verano es la mejor época para ir. Aunque las muchedumbres pueden abarrotar lugares como Gamla Stan, el resto de la ciudad sigue siendo agradable y accesible.

Grandes eventos

Julio El mayor festival del Orgullo de Europa es el **Stockholm Pride** (p. 148), una celebración de la cultura LGTBIQ+ y prueba del exquisito historial de Suecia en música pop.

Agosto Música, baile y otras actuaciones en el **Kulturfestivalen** (p. 62), un festival gratuito que se celebra durante varios días en diferentes emplazamientos.

Agosto Si se busca un recorrido llano con el que batir la marca personal, la **maratón de Estocolmo** es el lugar ideal. La media maratón también merece la pena.

Agosto/septiembre El **Stockholm Fringe Festival** (p. 94) es una fiesta multidisciplinar de arte experimental que se celebra en varios escenarios a lo largo de una semana a finales del verano. Gran parte de la programación es en sueco, pero a veces hay cosas en inglés.

Clima

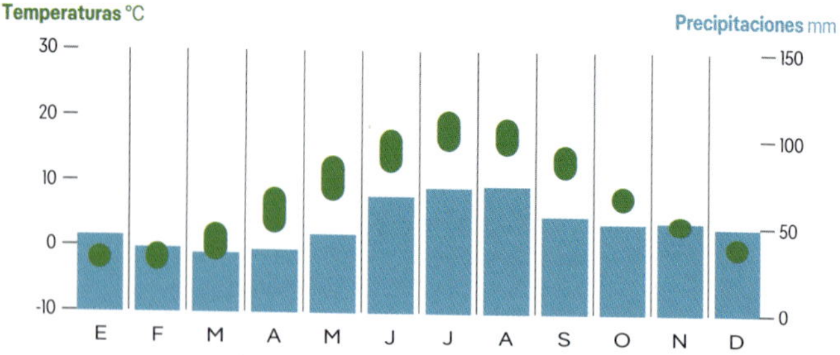

Stockholm Pride (p. 148).

Fuera de ruta

Abril Una noche en abril, durante la **Kulturnatt Stockholm** (p. 96), los museos, librerías y otros establecimientos culturales abren hasta tarde y no cobran entrada. Una delicia

Octubre/noviembre La **Semana de los restaurantes,** o Dining Week, como se la conoce en Estocolmo, ofrece menús fijos en muchos de los grandes restaurantes de la ciudad.

Noviembre Cerca de un millón de luces se encienden por toda la ciudad para celebrar la Navidad durante el **Stockholm Christmas Lights Festival.**

Diciembre Para combatir la tristeza invernal, el **Nobelmuseet** (p. 45) invita a artistas de todo el mundo que iluminan las fachadas y las calles de la ciudad.

ALOJAMIENTO

Es más barato alojarse en un hotel, especialmente en temporada baja, que en una casa de alquiler. Hay que buscar en los barrios periféricos, porque la ciudad está muy bien conectada en transporte público. Es posible alojarse en un hotel de cinco estrellas en Solna o en Ulriksdal por la mitad de lo que cuesta una casa privada en Södermalm.

Cómo llegar

Hay cuatro aeropuertos cerca de Estocolmo, a distancias variables del centro. Antes de comprar el billete hay que comprobar a cuál se llega.

Del aeropuerto al centro

En tren

El **aeropuerto de Arlanda,** el principal, está a unos 28-35 min del centro, aunque puede variar mucho en función del tráfico. El Arlanda Express es un servicio directo que sale cada 15 min (340 SEK solo ida). El tren de cercanías también llega al centro (186 SEK), pero hace varias paradas por el camino.

El **aeropuerto de Skavsta** está a unos 100 km (2 h) del centro. El autobús nº 515 llega hasta la estación de tren de Nyköping, donde se puede tomar un tren directo a Estocolmo (100 SEK el billete combinado).

El **aeropuerto de Västerås** no tiene conexiones en tren al centro; el aeropuerto de Bromma acoge sobre todo vuelos regionales a Malmö y Gotemburgo.

En autobús

El Flygbussarna (149 SEK) sale cada 10-15 min del aeropuerto de Arlanda. También presta servicios en el aeropuerto de Skavsta (139 SEK) y en los otros aeropuertos de Estocolmo. Los billetes se pueden comprar en la web *(flygbussarna.se)* o en el autobús con una tarjeta de crédito o débito (no en efectivo).

En taxi

Son una opción cara. Las tarifas pueden ir desde 695 SEK (30 min) desde Arlanda hasta 1500 SEK desde Skavsta.

Otros puntos de entrada

Se puede ir en ferri desde Helsinki (Finlandia) hasta Estocolmo (o viceversa). Los ferris de Tallink Silja Line (siete semanales) y de Viking Line (foto; seis semanales) tardan unas 18 h en llegar y cuestan unas 1780 SEK.

EKATERINA POKROVSKY/SHUTTERSTOCK ©

Cómo desplazarse

Estocolmo es lo suficientemente pequeña y cómoda para desplazarse a pie o en bicicleta, pero también cuenta con una eficiente red de transporte público. Para visitas de más de cinco días, vale la pena el abono semanal.

'Tunnelbana'

La red de metro, el *tunnelbana* (foto) conecta casi toda la ciudad. Las siete rutas de sus tres líneas se distinguen por colores (verde, roja y azul). Hay que comprobar cuál es la estación final de la ruta antes de subir (una misma línea tiene diferentes rutas). Todas conectan con la Centralstationen. Un billete de ida es válido durante 75 min en toda la red (42 SEK). Los trenes circulan hasta la 1.00 entre semana y hasta las 3.00 los fines de semana. La red del *tunnelbana* de Estocolmo es conocida por ser la galería de arte más larga del mundo.

Cercanías

La red de cercanías llega hasta la periferia y allí donde no llega el *tunnelbana*. Es una buena opción para viajar a zonas más alejadas. Los billetes son válidos para las dos redes y las conexiones son sencillas.

Todas las estaciones de cercanías son accesibles en silla de ruedas y están adaptadas para viajeros con equipaje.

'APP' ESENCIAL

La aplicación SL es indispensable para moverse por Estocolmo.

Autobús

Hay cientos de líneas de autobús en Estocolmo. Pasan cada 10 min (a veces con mayor frecuencia). Los principales intercambiadores son Slussen y la estación de autobuses: Cityterminalen.

Son una buena opción para ir a ciudades periféricas como Vaxholm y Drottningholm. El nº 69 conecta muchos puntos de interés de Estocolmo y cuesta lo mismo que uno normal. También se puede usar el autobús turístico con un billete de 24 h.

Tranvía

Solo hay una línea de tranvía, la nº 7, que conecta Norrmalm con Djurgården desde la principal estación de tren, la Centralstationen. La tarjeta de transporte SL es válida en el tranvía.

Ferri

El ferri es una fantástica manera de acceder al archipiélago.

Hay tres líneas, a menudo conocidas como 1, 2 y 3. La tarjeta SL es válida en estos ferris. Su frecuencia varía (véanse los carteles).

También hay ferris que conectan las islas periféricas, para los cuales se requiere un billete aparte en verano. Las tarjetas SL de un mes solo son válidas en invierno.

La principal terminal de ferris de Gamla Stan es Slussen.

Taxi

Son muy caros, en parte por el tráfico, pero también porque las tarifas no están reguladas.

En cualquier caso, no suelen ser necesarios, a no ser que se viaje entre las 3.00 y las 5.00 entre semana.

La bajada de bandera cuesta 45 SEK; la tarifa de espera es de 500 SEK. Por la noche y los fines de semana aumentan los precios.

Información práctica

Pago digital

En la mayoría de los medios de transporte público no se puede pagar en efectivo; lo mejor es comprar una tarjeta SL (20 SEK), que se puede usar indefinidamente, recargando el saldo cuando sea necesario. Los pagos digitales con tarjetas sin contacto o con aplicaciones de móvil se aceptan y se fomentan en la mayoría de los transportes.

Límite diario y semanal

Un billete sencillo (42 SEK) es válido durante 75 min para viajes ilimitados en todos los medios de transporte público. Si se van a hacer diferentes viajes, el abono semanal es más rentable.

Descuentos

Hay descuentos para estudiantes con carné acreditativo en vigor, para menores de 7 años, mayores y personas con discapacidad. La mayoría de los puntos de información están atendidos por personal y se puede preguntar por los descuentos.

TARIFAS DE TRANSPORTE

42 SEK
Billete sencillo (válido durante 75 min)

155 SEK
Abono 24 h

310 SEK
Abono 72 h

405 SEK
Abono semanal

CONSEJO

Los padres con carrito de bebé pueden montar gratis en todos los autobuses de Estocolmo.

BILLETES

- Un billete sencillo permite viajar durante 75 min en todos los medios de transporte de la red. Los billetes están disponibles en las estaciones de *tunnelbana* y de cercanías, en las máquinas del *tunnelbana* y en las principales paradas de autobús.
- No se acepta efectivo, pero se puede pagar con tarjeta de crédito sin contacto.
- Los ferris a las islas exteriores no forman parte de la red SL, hay que comprar un billete en el barco.

ZONAS TARIFARIAS

No hay zonas tarifarias dentro de la ciudad y sus afueras. Los viajes se miden por duración más que por zona. Hay que hacer el último cambio antes de que el billete caduque.

Otra cara de Estocolmo

Estocolmo tiene un ambiente tranquilo que hace que se puedan pasar por alto algunas de sus joyas. Hay que moverse despacio, mirar hacia arriba y estar preparado para descubrir cosas.

Arte subterráneo

Desde 1957, artistas de todo el mundo han sido invitados a convertir el **'tunnelbana'** (p. 27, metro) en galería para todo tipo de obras.

Misterios medievales

Estocolmo existe, al menos, desde la Edad del Hierro. Probablemente su reliquia más antigua sea la **U 53** (p. 43), una piedra rúnica incrustada en la fachada de una tienda en la esquina de Prästgatan y Kåkbrinken. Hay más información sobre piedras rúnicas en el **Stadsmuseet** (**Museo de la Ciudad;** p. 94).

¿Qué hay de la comida sueca?

Dada la presencia de varias comunidades de inmigrantes en la ciudad, su comida es diversa y ecléctica. Hay que probar los **restaurantes de fusión.**

Cómo ahorrar

Los adictos a los museos pueden ahorrar comprando el **Stockholm Pass** *(stockholm.net/activities/stockholm-pass)*. Válido de uno a cinco días, permite entrar a cerca de 60 puntos de interés. Además, ofrece transporte gratis en los autobuses turísticos y en los barcos durante su periodo de validez.

Consumo responsable

Las compras de segunda mano y la reutilización están muy integradas en la cultura de Estocolmo. Las mejores tiendas están en **Södermalm** (p. 99), pero en **Vasastan** (p. 141) y **Kungsholmen** (p. 127) también abundan.

¡Libertad!

Una ley conocida como "*allemansrätten*" permite caminar, montar en bici y hacer pícnics en cualquier sitio (incluidas propiedades privadas, aunque con restricciones) y, si se alquila un barco, se puede navegar por donde se quiera siempre y cuando no se interfiera en la vida animal y vegetal del lugar.

Arte en el metro, estación de Stadion.

U 53 (p. 43).

Explora Estocolmo

Circuitos a pie

Vista de Estocolmo desde Mariaberget (p. 93).
MORGAN SODERSTROM/ISTOCK PHOTO ©

Sugerencias de lugares para comer, beber y comprar en **p. 48**

Explora Gamla Stan

Gamla Stan es el centro de Estocolmo. Bajo el imponente Kungliga Slottet (palacio real), el lugar donde la ciudad nació alberga iglesias renacentistas, museos fascinantes y románticas plazas. Gamla Stan tiene dos islotes: Helgeandsholme, sede del Parlamento sueco; y Riddarholmen, donde se encuentra la Riddarholmskyrkan, con la necrópolis real. Pero todo es accesible a pie. Las calles secundarias ofrecen encantadores cafés para un *fika* (café y bollería) o grandes tabernas donde probar comida tradicional. Si se viaja con poco tiempo, es un lugar fantástico para pasar el día o al menos una mañana.

Cómo desplazarse

Autobús

La mayoría de los autobuses llega a Slussen. Gamla Stan está a un paseo. La línea n° 53 desde T-Centralen (3 min) se acerca más a Riddarhustorget.

Metro

La estación de Gamla Stan es la más cercana; hay indicaciones claras a los puntos de interés.

A pie

Desde Södermalm, caminando hacia Hornsgatan y Slussen. Desde Kungsholmen, el cruce se encuentra cerca del Stadshuset.

Gamla Stan.
ROBERTO RIZZI/SHUTTERSTOCK ©

LO MEJOR

MARAVILLA ARQUITECTÓNICA Kungliga Slottet (p. 38)

PLAZA HISTÓRICA Stortorget (p. 45)

COMIDA SUECA Grillska Husets Konditori (p. 48)

IGLESIA HISTÓRICA Riddarholmskyrkan (p. 43)

CALLE COMERCIAL Köpmangatan (p. 47)

A
B
C
D
1
2
3
4
5
6
Tegelbacken
Fredsgatan
Strömgatan
Riksbron
Helgeandsholm
Riksdagshu
Riksgatan
Bankkajen
Stallbron
Mynttor
Centralbron
Vasabron
Strömsborg
Norra
Järnvägsbron
Norra
Riddarholmshamnen
Arkivgatan
Riddarhuskajen
Riddarhusgränd
Rådhusgränd
Myntgatan
Cafe
Schweizer
Riddarhuset
Riddarhustorget
Storkyrkobrinken
RIDDARHOLMEN
Evert
Taubes
Terrass
Wrangelska
Palatset
Birger
Jarls Torg
Wrangelska Backen
Hebbes Trappa
Norrström
Stora
Gråmunkegränd
Gåsgränd
Överskärargränd
Lilla Nygatan
Yxsmedsgränd
Stora Nygat
Mälardrottningen
Hotel & Restaurant
Södra Riddarholmshamnen
Munkbroleden
Munkbrogatan
Kåkbrinken
Schönfelts Gränd
Södra Järnvägsbron
Gamla
Stan
Mälartorget
Tyska Br
Riddarfjärden
Södra
Järnvägsbron
0
200 m

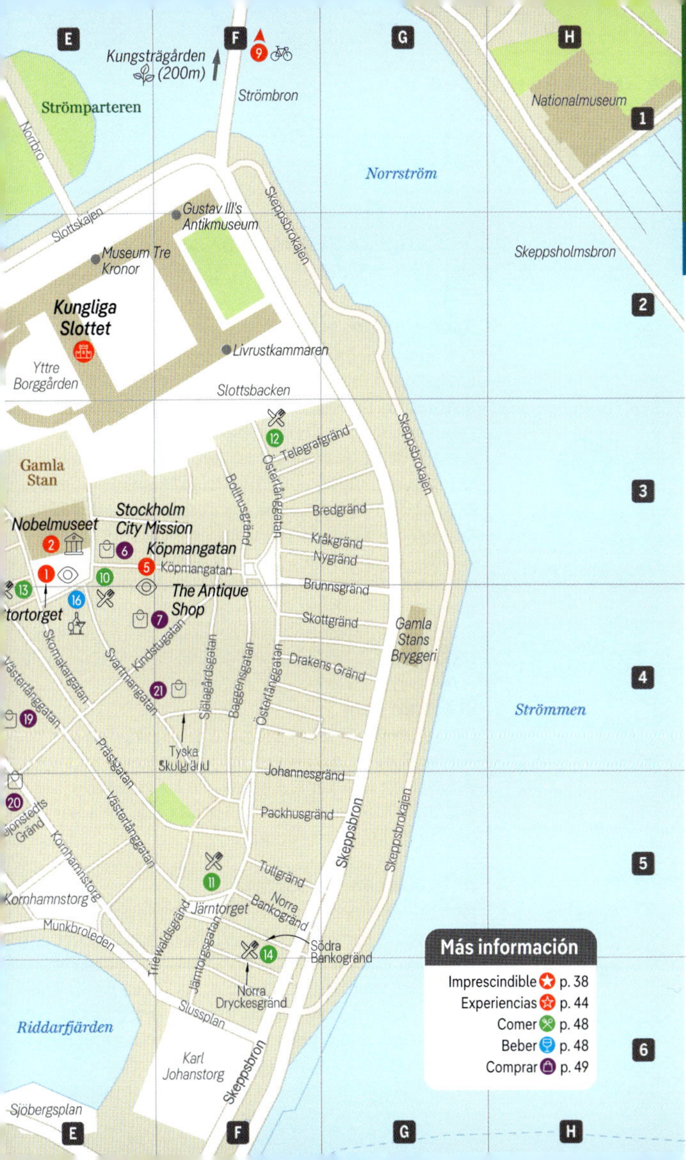
E
F
G
H
Kungsträgården (200m)
9
Strömbron
Strömparteren
Nationalmuseum
Norrbro
Norrström
Slottskajen
Gustav III's Antikmuseum
Skeppsbrokajen
Museum Tre Kronor
Skeppsholmsbron
Kungliga Slottet
Livrustkammaren
Yttre Borggården
Slottsbacken
12
Telegrafgränd
Gamla Stan
Bollhusgränd
Österlånggatan
Bredgränd
Stockholm City Mission
Nobelmuseet
2
6
Köpmangatan
Krågränd
Nygränd
1
10
5
Köpmangatan
Brunnsgränd
13
16
The Antique Shop
tortorget
7
Skottgränd
Gamla Stans Bryggeri
Skomakargatan
Kindstugatan
Svartmangatan
Själagårdsgatan
Baggensgatan
Drakens Gränd
Västerlånggatan
21
19
Strömmen
Tyska Skulgränd
Prästgatan
Johannesgränd
20
Jonstedts Gränd
Västerlånggatan
Packhusgränd
Kornhamnstorg
Skeppsbron
Skeppsbrokajen
11
Tullgränd
Kornhamnstorg
Järntorget
Norra Bankogränd
Munkbroleden
Triewaldsgränd
Järntorgsgatan
14
Södra Bankogränd
Norra Dryckesgränd
Slussplan
Riddarfjärden
Karl Johanstorg
Skeppsbron
Sjöbergsplan
1
2
3
4
5
6
Más información
Imprescindible p. 38
Experiencias p. 44
Comer p. 48
Beber p. 48
Comprar p. 49

★ IMPRESCINDIBLE

Kungliga Slottet

Construido sobre las ruinas del castillo medieval Tre Kronor, que se incendió en 1697, el **Kungliga Slottet,** el palacio real de 608 habitaciones, sigue siendo la residencia de la familia real sueca.

PLANO: P. 37 **E2**

CONSEJO
Hay un pase combinado que incluye la Riddarholmskyrkan, pero también se pueden comprar entradas por separado. Hay descuentos.

Escanea este código QR para más información sobre las entradas.

Apartamentos reales

Los apartamentos reales son el punto fuerte de la visita al Kungliga Slotten, con sus dorados e historiados interiores. No hay que perderse la galería de Carlos XI, inspirada en el salón de los espejos de Versalles, con sus lámparas de araña, ni el trono de plata de la reina Cristina en el salón de Estado. También hay una impresionante colección de retratos reales de diferentes épocas que harán las delicias de los amantes del arte. Hay que tener en cuenta que los apartamentos reales siguen en uso con cierta regularidad y podrían estar cerrados durante algunos eventos o períodos (es mejor comprobarlo).

El Tesoro Real

En las profundidades del palacio se encuentra el Tesoro Real, que contiene las joyas y galas más valiosas de la corona. Algunas de las coronas y atuendos usadas aún por la familia real en actos oficiales se pueden ver aquí.

Antikmuseum de Gustavo III

Uno de los museos más antiguos del mundo, el Antikmuseum de Gustavo III exhibe objetos procedentes de las colecciones del rey Gustavo III, especialmente los que atesoró durante sus viajes por Italia. La colección presenta esculturas en dos galerías de piedra de tonos crudos que recuerdan a un mausoleo, con impresionantes vistas al patio colindante. La aplicación del museo contiene más información

TRABANTOS/SHUTTERSTOCK ©

sobre las esculturas. Solo abre en verano (excepto para visitas de grupos programadas).

Capilla Real

Esta capilla alberga a la realeza sueca desde el s. XVIII, aunque ya existía otra en el recinto desde el s. XII. Sus interiores dorados e imponentes esculturas son muestra del talento de los arquitectos y artistas de diferentes épocas invitados a representar el poderío de la corte sueca, rodeada de vecinos hostiles. Se puede visitar la capilla como parte del recorrido. Es posible asistir a la misa del domingo junto al personal del palacio.

Livrustkammaren

La Armería Real, la Livrustkammaren, atrae especialmente a amantes de la realeza por su curiosa colección de recuerdos. El museo, al que se accede por Slottsbacken, con sus bóvedas

UNA PAUSA

El café Schweizer lleva más de un siglo en funcionamiento. Su zumo de naranja natural es una excelente opción.

UN PASEO REAL
Se puede reservar una visita a pie por el exterior del palacio para disfrutar de sus elementos arquitectónicos e históricos. Hay que preguntar en recepción.

palaciegas, contiene cerca de 500 años de historia real ilustrada a través de muestras únicas. Los objetos expuestos incluyen el vestido de novia de brocado de la princesa Sofía Magdalena; Streiff, el corcel de batalla disecado de Gustavo II Adolfo; el paño de lino ensangrentado con el que la mujer de este mismo monarca envolvió su corazón; y la túnica que Gustavo III llevaba la noche que recibió un disparo en la ópera en 1792. También presenta una colección de carruajes usados por la familia real a lo largo de la historia. Hay que leer las descripciones y no perderse las carrozas ceremoniales doradas del piso inferior. Gracias a sus muchos elementos interactivos y a sus divertidas exposiciones temporales, resulta muy entretenido para los niños.

Museum Tre Kronor

El Museum Tre Kronor ("tres coronas"), en una sección del ala norte del palacio, está dedicado al fuerte vikingo original que se hallaba en el emplazamiento del actual palacio. Desgraciadamente fue destruido por las llamas en el s. XVII, pero en el museo se pueden ver algunos de los objetos que se pudieron rescatar. Las instalaciones permanentes incluyen una selección de originales y réplicas de diferentes épocas de la historia del palacio, así como secciones conservadas de algunos de los muros originales y pinturas del lugar.

Información práctica

La entrada al palacio incluye el Museum Tre Kronor, el Tesoro Real y el Antikmuseum de Gustavo III (que solo abre en verano). La visita guiada es una excelente opción, pero también se puede descargar la aplicación, que ofrece información resumida. No está mal, teniendo en cuenta que algunos objetos no tienen descripción.

Kungliga Slottet

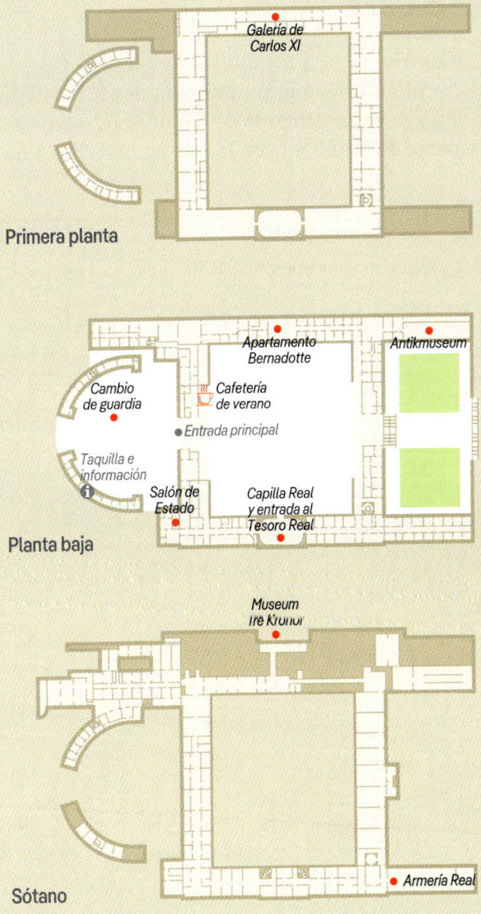

CIRCUITO A PIE

Gamla Stan

En las calles y callejones más tranquilos de Gamla Stan parece que Estocolmo no hubiera cambiado desde los tiempos medievales. Si no se visita ninguno de los museos, aquí es posible empaparse del ambiente de la isla en unas cuantas horas.

INICIO	FINAL	DURACIÓN
Riddarholmskyrkan	Sundsberg Konditiori	1 km; 2-3 h

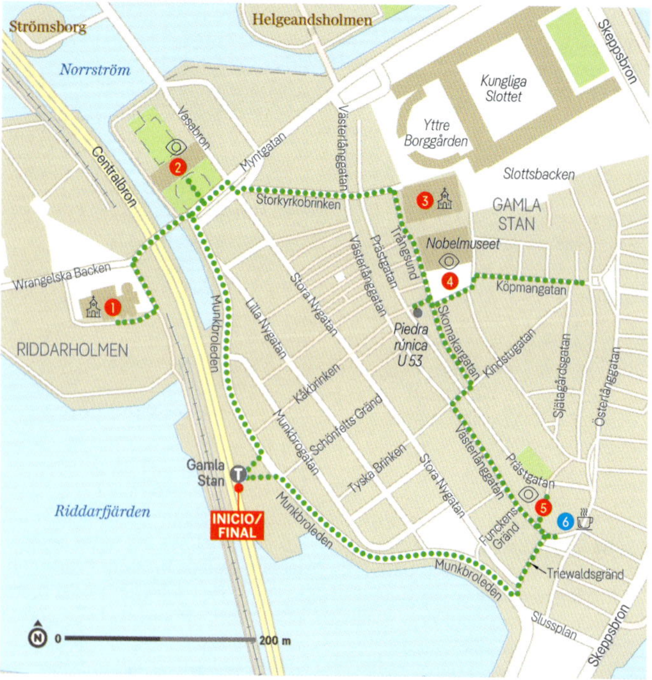

1 Riddarholmskyrkan

Desde la estación de Gamla Stan hay que dirigirse a la pequeña isla de Riddarholms y a la **Riddarholmskyrkan,** la iglesia donde han sido enterrados todos los miembros de la realeza sueca salvo uno desde el s. XVII. Este cavernoso edificio gótico es la única iglesia perfectamente conservada de su época y una muestra de la larga historia de Suecia. Las minuciosas pinturas de escudos de armas a lo largo de sus muros pertenecen a los distintos caballeros de la Orden de los Serafines que sirven al rey. Detalles dorados relucen sobre las tumbas de varios reyes y reinas. La entrada al Kungliga Slottet (p. 38) incluye la iglesia, pero también se puede visitar esta por separado.

2 Riddarhuset

Al cruzar el puente se llega al **Riddarhuset** o "palacio de la Nobleza" (*riddarhuset.se*). En este ornamentado palacio del s. XVII se reunía la nobleza sueca para gobernar el país. La estatua delantera es de Axel Oxenstierna (1583-1654), consejero de la reina Cristina. El Riddarhuset estaba cerrado por reformas cuando se escribió esta guía.

3 Storkyrkan

Por Storkyrkobriken se alcanza la **Storkyrkan** ("gran iglesia"), la barroca catedral de la ciudad utilizada aún para bodas y coronaciones reales. Contiene una estatua de san Jorge y el dragón. Luego, por Köpmangatan ("calle de los mercaderes"), se avanza entre tiendas hasta una plaza triangular donde se puede ver una réplica de la estatua de san Jorge y el dragón sobre un pedestal.

4 Stortorget

Hay que girar en la bonita plaza principal de Gamla Stan, **Stortorget** (p. 45), donde tuvo lugar el llamado "Baño de Sangre de Estocolmo" en 1520. Bordeada por antiguos edificios de colores intensos, tiendas de recuerdos y cafés, es un nido de turistas. El edificio más importante es el antiguo edificio de la Bolsa, ahora sede del Nobelmuseet (p. 45). Se puede girar en Kåkbinken para echarle un vistazo a la piedra rúnica U 53, un resto del s. XVII del pasado medieval de Estocolmo.

5 Mårten Trötzigs Gränd

Se gira por Västerlånggatan; a la derecha está **Mårten Trötzigs Gränd,** una empinada escalinata que conecta con Prästgatan. Con menos de 90 cm de ancho, es una de las calles más estrechas de Europa.

6 Sundsberg Konditiori

En Järntorget se encuentra un lugar emblemático de Gamla Stan, la panadería-café **Sundbergs Konditori** (p. 48), en funcionamiento desde principios del s. XIV. Lleva sirviendo café de un samovar de cobre desde 1785. Luego hay que dirigirse al sur por Triewaldsgränd y al este por Munkbroleden para volver al punto de partida en Riddarholm.

EXPERIENCIAS

Kungsträgården LOCAL CULTURAL

El Kungsträgården (PLANO: P. 36 E1) es el parque frente al Kungliga Slottet. Acoge eventos a menudo; vale la pena acercarse a ver qué se cuece. A finales del verano, toma vida con el Kulturfestivalen, el mayor festival cultural de Suecia, cinco días de comida, música y diversión. Es gratuito, una buena opción para viajeros con poco presupuesto. En invierno se puede patinar sobre hielo y probar vino caliente. También es perfecto para descansar tras un día de patear la ciudad y tomar fotos del palacio real. Lo mejor es comprar un bocadillo y algo de beber y sentarse junto al agua un rato.

Paseo por Estocolmo 1793 VISITA AUTOGUIADA

Los largos y oscuros inviernos de Suecia han dado lugar a una proliferación de novelas negras de fama mundial. Niklas Natt och Dag, originario de Estocolmo, es uno de sus principales exponentes del género: sus libros han sido traducidos a más de 30 idiomas y suelen ocupar los primeros puestos en las listas de ventas, en Suecia y en el extranjero. En el Stadsmuseum se puede comprar un mapa (40 SEK) que señala los lugares clave de sus libros, una visión del Estocolmo del s. XVIII. Recorrer estos lugares con una visita autoguiada devuelve a la vida las calles adoquinadas de Gamla Stanm y permite descubrir los antiguos edificios de la ciudad, cuya importancia no siempre salta a la vista.

Ruta fantasmagórica RUTA DEL TERROR

Es fácil evocar los fantasmas del pasado al caminar por los estrechos callejones de Gamla Stan, especialmente en invierno, cuando los días son oscuros y brumosos. Los fundadores de **Stockholm Ghost Walk** *(stockholmghostwalk.com/en; adultos/niños 280/180 SEK)* han sabido aprovechar este ambiente y organizan rutas al atardecer por las calles de Gamla Stan en busca de espectros y apariciones. Para una ciudad que recibe a la mayoría de sus visitantes en verano, es una actividad especialmente interesante en invierno, sobre todo en torno a Halloween. El circuito dura unos 90 min y consiste sobre todo en oír historias, así que no se recomienda para menores de 7 años.

En busca del tesoro del palacio real ACTIVIDADES PARA NÑOS

A veces no es fácil encontrar la forma de entretener a niños lo suficientemente grandes para sentir curiosidad pero demasiado jóvenes para pasarse horas en un museo. No pasa nada, el Kungliga Slottet (p. 38) ha pensado en todo. Durante las vacaciones escolares, el palacio ofrece juegos de búsqueda del tesoro que animan a los niños a interactuar con los objetos e instalaciones. Reciben un mapa temático en la entrada y tienen que explorar el lugar en busca de algo específico. Los visitantes pueden emprender el reto en cualquier momento de la visita. Las entradas incluyen precios reducidos para todos los participantes. Para más información, véase la web *(kungligaslotten.se)*.

Experiencia Nobel

CHARLAS/DISCURSOS

PLANO: 2 P. 36 **E3**

Los viernes por la noche, el **Nobelmuseet** *(nobelprizemuseum.se/en; precio variable)* abre hasta las 21.00 para dar a los visitantes la oportunidad de saber más sobre los ganadores de este celebérrimo premio, su trabajo y su impacto en el mundo. Estos eventos empiezan con una recepción con champán estilo *happy hour* en el bistró del museo, que ofrece un menú especial en función de la estación. Después, los asistentes pueden elegir entre una charla, una visita guiada o, en ocasiones, una actuación musical. Es una fantástica experiencia para bajar el ritmo y vivir el museo desde dentro. Los actos suelen ser en inglés y sueco, con horarios específicos; hay que consultar la web antes de hacer planes. Se necesita una entrada especial y hay descuentos para los miembros del museo.

LA PLAZA MÁS ANTIGUA DE LA CIUDAD

Si no se sabe lo que se tiene delante, **Stortorget** parece una simple plaza. Pero este espacio ha sido el centro de Estocolmo desde la Edad Media y alberga parte de la arquitectura más ecléctica de la ciudad. Hay que mirar arriba para hacerse una idea de los esfuerzos que han hecho falta durante siglos para construir sus casas y negocios. Sin embargo, la historia de Stortorget tiene una cara oscura: aquí tuvo lugar el Baño de Sangre de Estocolmo, un suceso espeluznante que recuerda a la boda roja de *Juego de Tronos*. Un miembro de la familia real danesa reunió a varios miembros de la nobleza en una fiesta, que acabó de forma inesperada. Como consecuencia de ese oscuro capítulo, Gustav Vasa movilizó a sus hombres para derrocar al rey, lo que llevó a la independencia permanente de Dinamarca. Se puede ahondar en este episodio de la historia de Estocolmo en el **Stadsmuseet** *(stadsmuseet.stockholm/en; gratis)*.

(PLANO: 1 P. 36 **E3**)

Donde se hacen las leyes

VISITA GUIADA

PLANO: 3 P. 36 D1

La mitad de la isla de Helgeandsholmen está ocupada por el **Riksdagshuset** *(riksdagen.se/en; gratis)*, el Parlamento sueco. Se trata de un impresionante edificio de estilo neobarroco con grandes ventanales y altos arcos que parece apoyarse directamente sobre el agua. La otra mitad la forma el Strömparterren, un parque público y frondoso jardín particularmente acogedor en verano. Los interesados en la política sueca pueden reservar una de las visitas guiadas que muestran los magníficos interiores del Riksdagshuset y explican el complicado equilibrio entre la monarquía, el poder legislativo y las diferentes regiones que forman la nación. En invierno, también se puede participar en visitas que presentan la colección de arte del edificio. Son gratis, pero se llenan rápidamente, ya que solo hay 28 plazas al día. Si no se llega a tiempo, la plaza se asigna a la siguiente persona de la lista.

Un paseo para recordar

A PIE/EN BICI

No hay necesidad de alquilar un coche para visitar Estocolmo. La ciudad está bien conectada gracias al transporte público y es tan pequeña que todo es accesible a pie y sin prisas. Una vez que se han visto los principales puntos de interés, se recomienda caminar por el perímetro de las islas, empezando por Stadsholmen. El lado oeste de la isla ofrece unas vistas excelentes del Djugården y el mar abierto, mientras que el norte es el mejor lugar para hacer fotos del Riksdagshuset. Desde este hay una fantástica vista de casi todo el Kungliga Slottet. Al atardecer, se puede pasear junto al agua en Riddarsholmen hasta llegar a **Evert Taubes Terrass** (PLANO: 4 P. 36 A3) para tomar las mejores fotos de la

CONSTRUYENDO PUENTES SOBRE EL AGUA

Estocolmo está formada por 14 islas principales y una serie de islotes que se han ido uniendo con el tiempo hasta formar la ciudad tal como es hoy. Gamla Stan se compone en realidad de cuatro islas: Stadsholmen es la principal, con la mayoría de los puntos de interés; en Riddarsholmen se encuentran la Riddarholmskyrkan y otros edificios importantes; Helgeandsholmen alberga el Parlamento; y Strömsborg es un islote, suficientemente grande para contener un palacio de tamaño moderado que hoy es sede de una organización internacional. Esta disposición es difícil de percibir porque las islas están muy cerca, pero no hay que olvidar que el agua que rodea los edificios de Gamla Stan no es un río ni un canal, ¡es el mar!

ciudad. Los atardeceres en Estocolmo duran lo suyo, especialmente en verano, y este es también un lugar fantástico para sentarse y contemplar las esculturas y las vistas. Desde Södermalm se obtienen las mejores fotos de Gamla Stan.

Algo viejo, algo nuevo DE COMPRAS

Köpmangatan (PLANO: 5 P. 36 **E3**) es la calle más antigua de Estocolmo y uno de los mejores lugares para comprar antigüedades y recuerdos. Desde tiendas de artesanía de alta gama con productos de tela y fibra, hasta **Stockholm City Mission** (PLANO: 6 P. 36 **E3**), que vende ropa y muebles de segunda mano o reciclados para ayudar a las personas sin techo de la ciudad, es un lugar perfecto para comprar algo especial. **The Antique Shop** (PLANO: 7 P. 36 **F4**) es genial para artículos del hogar *vintage* y baratijas.

LAS MEJORES ALTERNATIVAS A CAMINAR

Gamla Stans Cykel

PLANO: 8 P. 36 **D4**

(gamlastanscykel.se) Se puede alquilar una bicicleta de tres marchas para una visita más rápida en la tienda de bicis más antigua de Gamla Stan. No tienen bicicletas eléctricas.

Go Stockholm

PLANO: 9 P. 36 **F1**

(gostockholm.se; 360 SEK) Visitas a la ciudad en un carrito de golf de bajas emisiones, con audioguía y junto a un guía turístico. Accesible en silla de ruedas.

Voi

(voi.com/city/stockholm; desde 3 SEK/minuto) Patinetes eléctricos de alquiler para adultos. En Suecia no está permitido dejar el patinete en la acera.

SUGERENCIAS

Lo mejor para...

€ Económico €€ Medio €€€ Alto

Localizaciones en el plano de la p. 36

Comer

Establecimientos históricos

Grillska Husets Konditori €€
10 E3
Deliciosos tés, cafés, bocadillos y dulces con vistas a la plaza principal. La tienda de *delicatessen* cierra los fines de semana. *grillskahuset.se; 10.00-19.00 lu, vi y sa; hasta 20.00, ma-ju; 11.00-19.00 do*

Sundbergs Konditori €€
11 F5
Para disfrutar de un *fika* en una de las cafeterías más antiguas de Gamla Stan (foto). Se llena de turistas y es un lugar popular; requiere paciencia, pero sus pasteles están buenos. *9.00-20.00 lu-vi; desde 10.00 sa y do*

Tradition €€
12 F3
Un lugar fantástico para probar un menú tradicional de clásicos suecos como albóndigas y morcilla de reno. Se recomienda reservar. *restaurangtradition.se; 17.00-23.00 ju-sa, hasta 22.00 do y lu*

Kaffekopen €
13 E4
Otra cafetería del s. XVII en Gamla Stan que ofrece bebidas, bocadillos y dulces en un edificio al que no ha afectado el paso del tiempo, con vistas a Stortorget. *cafekaffekoppen.se; 10.00-22.00 sep-may; desde 9.00 jun-ago*

Zum Franziskaner €€
14 F5
Productos suecos tradicionales en una taberna que lleva en pie desde principios del s. XX. Una parada recomendada para amantes de la cerveza. *zumen.se; 16.00-23.00 lu; hasta 24.00 ma-ju; 15.00-24.00 vi y sa; 15.00-23.00 do*

Gamla Stans Fisk €€
15 D5
Sería absurdo viajar a Estocolmo y no probar el pescado. Este es uno de los lugares más celebrados de la ciudad. *gamlastansfisk.se; 11.00-16.00 ma-vi*

Beber

Beber con estilo

Pharmarium
16 E4
Una institución de la ciudad en la que disfrutar de eclécticos cócteles y aperitivos, situada en el edificio en el que se abrió la primera farmacia de Estocolmo en 1575. Es mejor reservar, aunque suele haber mesas para clientes de última hora. *pharmarium.se; 17.00-23.00 do-ma, 16.00-24.00 mi y ju, 15.00-1.00 vi y sa*

JULIE MAYFENG/SHUTTERSTOCK ©

Tritonia

17 D4

La vuelta al mundo en 80 cervezas (bueno, 70) en una de las cervecerías más emblemáticas de Gamla Stan, con una selección cambiante de cervezas artesanas locales. *tritonia.se; 16.00-23.00 ma-ju; hasta 24.00 vi; 15.00-24.00 sa*

Wirströms

18 D4

Un *pub* irlandés que sirve comida sueca y bebida. Música en directo los martes. *wirstromspub.se; 15.00-1.00 lu-vi; desde 12.00 sa; 12.00-21.00 do*

Comprar

Artículos especializados

Science Fiction Bookshop

19 E4

Un destino de renombre mundial para los amantes de la ciencia ficción, en el sentido más amplio del género. También es ideal para encontrar juegos o artículos relacionados. *sfbok.se; 10.00-19.00*

Gamla Stans Polkagriskokeri

20 E5

Un lugar donde comprar dulces tradicionales, como caramelos de menta y otros dulces típicos. *gamlastanspolkagriskokeri.se; 10.00-20.00*

Chaikhana

21 F4

Un local con variedades de té mundialmente aclamadas y mezclas locales únicas. Toda una institución en la ciudad con un excelente salón de té adyacente. *chaikhana.se; 10.00-19.00 mi-vi; 12.00-18.00 sa y do*

Sugerencias de lugares para comer, beber y comprar en **p. 65**

Explora
Norrmalm

Norrmalm es el ultramoderno centro comercial de la ciudad. Tanto la estación de trenes como la de autobuses (Centralstationen y Cityterminalen) se encuentran en este barrio, que fue completamente demolido en los años sesenta. Hoy cuenta con parte de la arquitectura más controvertida de la capital, como los cinco edificios de Hötorget, dispuestos como fichas de dominó de 72 m de alto. Es un lugar ideal para conseguir equipo de senderismo y acampada. Si se buscan prendas de moda o artículos de diseño a precio razonable, tiene muchas tiendas pequeñas. También alberga algunos grandes de la cultura, como la Operan y el Nationalmuseum. Lo mejor para visitar la zona es llegar en transporte público hasta la Centralstationen y recorrerla luego a pie.

Cómo desplazarse

Autobús y tren
Tanto la principal estación de autobuses (Cityterminalen) como la de tren (Centralstationen) se encuentran en Norrmalm.

Metro
La estación del *tunnelbana* de Hötorget está relativamente cerca a pie de muchos de los puntos de interés del barrio, al igual que la Centralstationen.

A pie
Desde Gamla Stan se puede llegar fácilmente a pie. Solo hay que ir al norte desde el Kungliga Slottet, aunque hay que cruzar dos carreteras principales. Ojo a las señales de tráfico.

Norrmalm.
MATEJ KASTELIC/SHUTTERSTOCK ©

LO MEJOR

MARAVILLA ARQUITECTÓNICA
Operan (p. 54)

PLAZA HISTÓRICA
Hötorget (p. 58)

MUSEO
Nationalmuseum (p. 60)

PEQUEÑO MUSEO
Hallwylska Museet (p. 60)

CALLE COMERCIAL
Drottninggatan (p. 60)

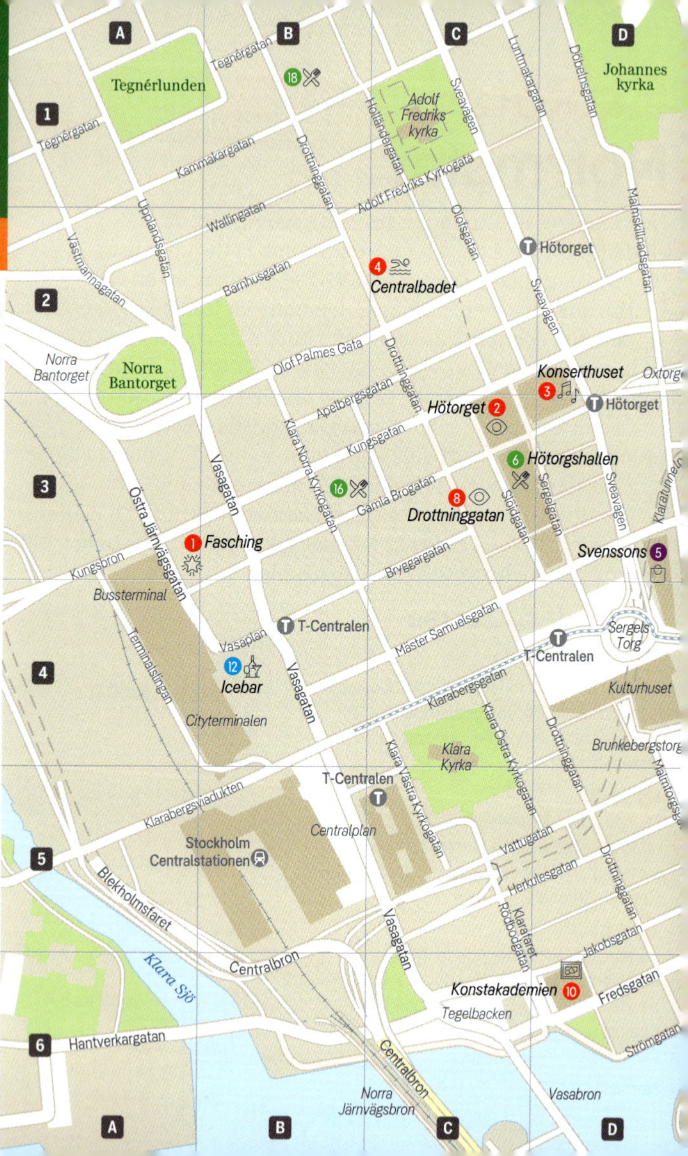
A
B
C
D
1
2
3
4
5
6
Tegnérlunden
Tegnérgatan
Kammakargatan
Wallingatan
Barnhusgatan
Västmannagatan
Upplandsgatan
Drottninggatan
Holländergatan
Adolf Fredriks kyrka
Adolf Fredriks Kyrkogata
Sveavägen
Olofsgatan
Luntmakargatan
Döbelnsgatan
Johannes kyrka
Malmskillnadsgatan
Hötorget
Centralbadet
Norra Bantorget
Olof Palmes Gata
Apelbergsgatan
Kungsgatan
Konserthuset
Oxtorg
Hötorgshallen
Sergelgatan
Slöjdgatan
Klara Norra Kyrkogatan
Gamla Brogatan
Drottninggatan
Vasagatan
Östra Järnvägsgatan
Fasching
Kungsbron
Bussterminal
Bryggargatan
Svenssons
Klaratunneln
T-Centralen
Mäster Samuelsgatan
Sergels Torg
Vasaplan
Icebar
Terminalslingan
Cityterminalen
Klarabergsgatan
Kulturhuset
Klara Östra Kyrkogatan
Klara Kyrka
Brunkebergstorg
Malmtorgsg
Klara Västra Kyrkogatan
Klarabergsviadukten
Centralplan
Stockholm Centralstationen
Vattugatan
Herkulesgatan
Blekholmsfaret
Klarafaret
Rödbodgatan
Jakobsgatan
Klara Sjö
Centralbron
Konstakademien
Fredsgatan
Tegelbacken
Hantverkargatan
Strömgatan
Norra Järnvägsbron
Vasabron

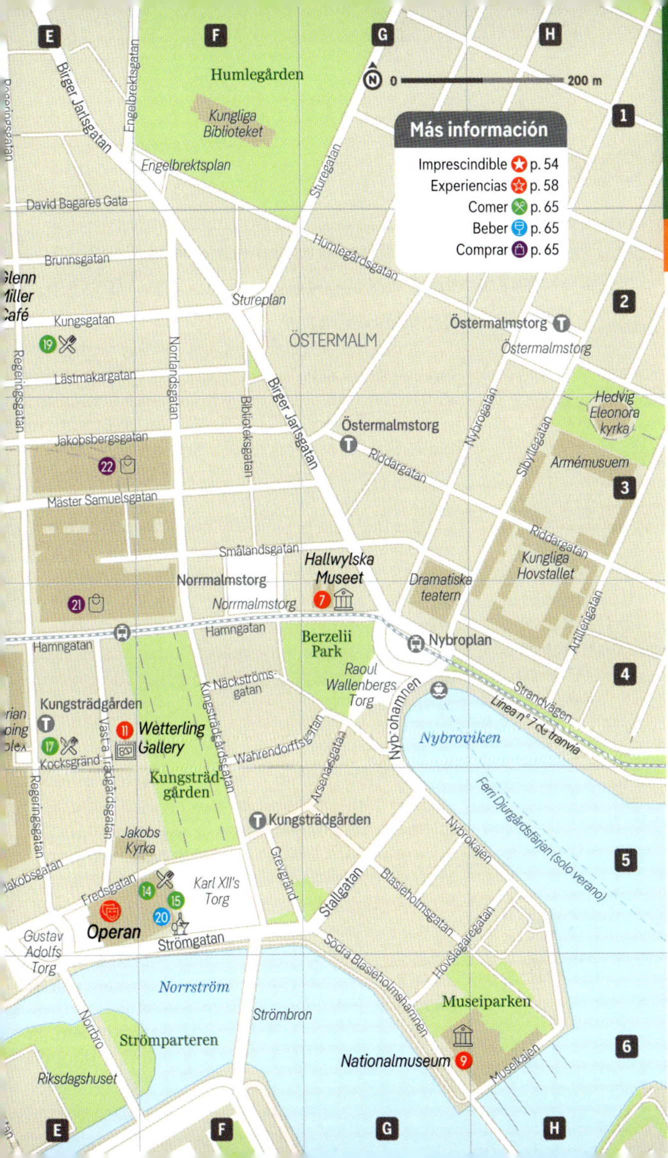

EXPLORA
NORRMALM

★ IMPRESCINDIBLE

Operan

Si la ópera es la música de la realeza, no puede haber mejor lugar para disfrutarla en todo su esplendor que la Kungliga Operan (Ópera Real), conocida simplemente como **Operan.**

PLANO: P. 53 **E5**

CONSEJO
Las visitas guiadas en inglés (120 SEK) solo están disponibles los sábados a las 12.30 y deben reservarse con antelación en la web.

Escanea este código QR para reservar la visita guiada.

Grandes entradas

La Ópera que se puede ver hoy es una reconstrucción de finales del s. XIX, ya que el edificio original, de 1782, fue abandonado y finalmente demolido cuando el rey recibió un disparo en él durante un baile de máscaras en 1792, y falleció más tarde a consecuencia del mismo. Las visitas se detienen poco en el exterior, pero se recomienda dedicarle unos minutos a la fachada, fijarse en los elementos neoclásicos, incluida su elaborada entrada y su trabajo con ladrillo bicolor. Dentro, la arquitectura pasa a ser neobarroca, con una profusión de dorados y elaboradas pinturas. No hay que pasar por alto el vestíbulo de mármol, importado especialmente desde Noruega como gesto de confraternización.

Auditorio

El terciopelo afelpado y el mármol reluciente de la gran entrada conducen al auditorio, el corazón de la Ópera. Una buena forma de experimentar este impresionante espacio es comenzar a la altura de los ojos, observando el escenario como lo haría un espectador, antes de fijarse en los detalles del techo. Cuando se mire hacia arriba, se recomienda detenerse en los detalles de las imágenes, como el angelito que sostiene una pintura del mapa arquitectónico del edificio. La inmensa lámpara de araña de cristal y oro, que se cierne imponente sobre la sala, pesa nada más y nada menos que dos toneladas, prueba de la suntuosidad del edificio. Puede

KERT/SHUTTERSTOCK ©

albergar hasta 1100 personas, pero, incluso vacío, el lugar deja sin aliento.

Vestíbulo dorado

El punto culminante de la visita a la Ópera es el vestíbulo o escalera dorada. Olvidado durante años, el edificio cayó en el abandono. Esta entrada fue restaurada en 1989 para compensar los casi 100 años de polvo y telarañas. El resultado es impresionante. Caminar por el vestíbulo es como estar dentro de una campana de cristal de superficies deslumbrantes. Y no se trata de un mero vestíbulo, también es una sala de espectáculos, ya que a veces se celebran en él actuaciones de solistas o de música de cámara, a menudo gratuitas para quienes tengan entrada para la ópera de la noche. Hay que consultar le programación para comprobar si hay una actuación extra en este magnífico espacio.

UNA PAUSA

Los asistentes a la Ópera pueden pedir con antelación –en línea o a través de una aplicación– lo que quieran tomar en el descanso. Así se evitarán las colas.

CIRCUITO A PIE

Norrmalm

Esta es una de las zonas menos agradables para caminar, no porque no tenga amplias aceras, sino porque en Norrmalm hay más cemento que en otras partes de la ciudad y se hace necesario cruzar algunas carreteras. Con todo, este circuito permite conocer el ambiente del barrio y sus principales puntos de interés.

INICIO	FINAL	DURACIÓN
Medelhavsmuseet	St Klara Kyrka	2 km; 2 h

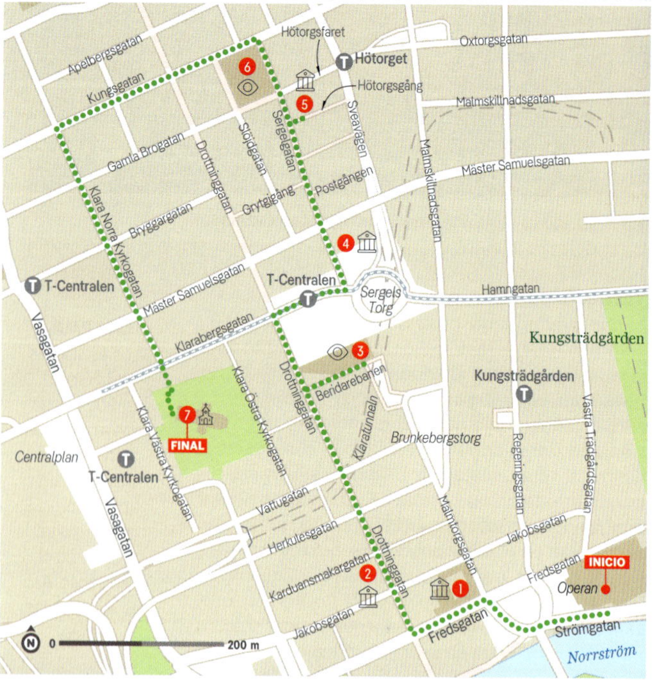

1 Medelhavsmuseet

El **Medelhavsmuseet** (Museo del Mediterráneo). Se encuentra a 5 min andando de la Ópera y es un buen lugar si interesa reflexionar sobre el papel que las instituciones tienen en la apropiación de objetos culturales procedentes de otras partes del mundo.

2 Dansmuseet

Se sigue luego a Drottninggatan para ir al **Dansmuseet** (Museo de la Danza), museo y sala de espectáculos dedicado al arte del movimiento. Cuenta con instalaciones permanentes dedicadas a culturas específicas y exposiciones temporales sobre temas concretos.

3 Kulturhuset

La **Kulturhuset** de Estocolmo cuenta con todos los elementos relacionados con la cultura: salas de espectáculos, pantallas de cine, biblioteca, espacios de *coworking* y librería. La mayoría de lo que ofrece está en sueco, pero es arquitectónicamente interesante y un buen lugar para ver a los lugareños en su salsa. Si se va a pasar un tiempo en la ciudad, organiza sesiones de intercambio lingüístico para practicar sueco.

4 Avicii Experience

Este espacio está dedicado a la vida de uno de los músicos más populares de Suecia, que se fue demasiado pronto. Tim Bergling, también conocido como Avicii, fue una de las figuras más brillantes de la música *dance* y electrónica, hasta que perdió su batalla contra la depresión en el 2018, a la edad de 28 años. Este **museo** es un tributo a su carrera y su influencia en el mundo de la música. Aunque pequeño, es interesante para amantes de este tipo de música.

5 Paradox Museum

El **Paradox Museum** es un buen lugar para entretener a los más jóvenes –y a los jóvenes de espíritu– durante unas horas. Lleno de ilusiones ópticas que desafían la lógica de la profundidad y la percepción, da para unas risas. Se puede entrar por Sergelagatan, en dirección a Hötorget, o bien desde la estación del *tunnelbana* de Hötorget.

6 Hötorget

Hay que caminar por Sergelgatan hacia **Hötorget** (p. 58), una plaza en la que se celebra un mercadillo de segunda mano los domingos, con puestos de flores y comida. Los demás días vende principalmente fruta y verdura. Los restaurantes de la zona son geniales para hacer un alto y comer algo.

7 St Klara Kyrka

Esta **iglesia** es ideal para terminar la ruta, porque en su cavernosa nave suelen tener lugar actuaciones musicales y está justo al lado de la Centralstationen, que tiene muchas conexiones.

EXPERIENCIAS

A bailar
MÚSICA EN DIRECTO

PLANO: 1 P. 52 **A3**

Fasching *(fasching.se; precio variable)* es toda una institución en Estocolmo. En parte discoteca, en parte restaurante y en parte sala de espectáculos, es un buen sitio para alternar y descubrir el Estocolmo contemporáneo. También tiene un restaurante con comida de postín. En Fasching, uno de los locales de *jazz* más antiguos de Suecia, suele haber actuaciones de músicos emergentes –y hay mucha oferta *jazzística* en Estocolmo, así que hay una alta probabilidad de toparse con propuestas interesantes–. El local también es conocido por sus noches temáticas de los viernes y los sábados todo el año y sus actuaciones especiales de músicos de gira. Para la mayor parte de estos eventos hay que pagar entrada. El precio cambia según la actuación, pero con un poco de suerte es posible pillar uno de los conciertos gratuitos que se celebran en el vestíbulo. Solo hay una forma de averiguarlo: ir a ver qué hay. Solo para adultos.

Vida en las plazas
MERCADOS

PLANO: 2 P. 52 **C3**

Hötorget es una de las principales plazas de Estocolmo y alberga un famoso mercadillo de segunda mano. Cada domingo, vendedores de toda la ciudad ponen sus puestos de trastos, lo que lo convierte en un lugar perfecto para conseguir artículos *vintage* a un precio razonable. Hötorget es conocida por sus obras de arte accesibles. De hecho, la expresión "arte de Hötorget" se usa para referirse a piezas que dan muestra de pericia y talento pero no llegan a la categoría de coleccionables. Es un buen lugar para encontrar algo bonito para casa. El resto de los días, el mercado vende principalmente comida y flores hasta alrededor de las 18.00, momento en que se vacía por completo.

Cosas de Nobel
ARQUITECTURA

PLANO: 3 P. 52 **D2**

La parte más emblemática de Hötorget es el edificio azul cielo de imponentes pilares que domina la plaza. Se trata del **Konserthuset** *(konserthuset.se; adultos/menores de 26 años 100/55 SEK)*, sede de la Orquesta Filarmónica de Estocolmo. Cada año, el 10 de diciembre, la sala adquiere aún más brillo y glamur, ya que se llena de flores y telas en homenaje a los ganadores de los Premios Nobel y suena la música clásica de la Filarmónica. Si no se ha recibido una invitación a la ceremonia, no hay que preocuparse: se puede reservar una visita guiada por el auditorio (en sueco, con audioguías en inglés) y ver la ceremonia por internet más tarde.

Caliente, caliente
SAUNAS/PISCINAS

PLANO: 4 P. 52 **C2**

No se puede estar en Suecia sin probar las saunas. Puede que no ea obligatorio por ley pero, aunque no esté escrito, es así. ¿Y qué mejor lugar que los **Centralbadet** "baños centrales") para vivir la más sueca de las experiencias? Este *spa* lleva desde principios del s. xx ofreciendo una amplia gama de tratamientos e intervenciones holísticas, con cinco saunas y una piscina. El lugar rezuma lujo y hasta tiene su propia gama de productos, para llevarse un poco de magia a casa. Hay que reservar y pagar por adelantado en la web. La reserva permite 3 h de acceso a todas las instalaciones, excepto a masajes y clases de *fitness*. Hay precios reducidos de lunes a jueves. Los fines de semana es más caro.

Delicias del diseño DE COMPRAS

PLANO: 5 P. 52 **D3**

Los suecos llevan haciendo buenos muebles desde mucho antes de que se oyera hablar de IKEA. En Norrmalm se encuentran algunas de las tiendas de muebles de diseño más conocidas de Suecia y se pueden visitar para poner a prueba las restricciones de equipaje o para admirar la obra de grandes artesanos. **Svenssons** *(svenssons.se)*, en Sveavägen, es una de las tiendas más antiguas del país. Ocupa dos pisos y está dispuesta como un moderno museo de interiores. Las colecciones proceden de diferentes diseñadores y empresas, con lo que hay una mezcla de estilos con el denominador común de la calidad y el buen gusto. Puede ser una buena fuente de inspiración para futuros cambios en casa. Tal vez no sea posible llevarse un sofá, pero quizá sí una alfombra o al menos un jarrón para recordar los días en Estocolmo.

Placeres para elegir COMIDA/BEBIDA

PLANO: 6 P. 52 **C3**

Cerca de Hötorget se encuentra el **Hötorgshallen,** un mercado gastronómico con propuestas de comida sueca contemporánea y de cocina internacional. Está

PUB: PAUL URBANUS BERGSTRÖM

El edificio con la palabra "PUB" escrita en letras grandes sobre su entrada principal no es, en realidad, un *pub*. Se trata de un gran hotel, pero en sus días de gloria fue uno de los principales grandes almacenes de Suecia, fundado por Paul Urbanos Bergström. Inaugurado en 1888 y gracias a una ubicación excelente en Hötorget, donde la gente ya iba de compras, estos grandes almacenes se convirtieron rápidamente en uno de los más exitosos de Estocolmo. Greta Garbo trabajaba aquí antes de ingresar en la escuela de cine y era un lugar popular entre los altos cargos del bloque comunista, que acudían a darse caprichos capitalistas durante la Guerra Fría, ya que Suecia era un país neutral.

distribuido en dos plantas y tiene 40 puestos, muchos de los cuales llevan aquí desde hace décadas, aunque también hay algunas cadenas internacionales que tratan de beneficiarse de su gran popularidad. Es especialmente frecuentado por los oficinistas y prueba de ello es que no se sirven cenas (la planta baja cierra a las 18.00 los fines de semana; la primera, a las 19.00). Pero vale la pena ir a comer. **Hellbergs** (p. 65), en la planta baja, tiene un menú con morcilla de reno –que sabe mucho mejor de lo que suena– y **Kasja's Fish** lleva más de 30 años sirviendo pescado y marisco. Los veganos pueden ir a **Ankara's Kebab.**

Un pequeño museo MUSEO

PLANO: 7 P. 52 **G4**

La familia Hallwyl dejó una enorme huella cultural en Estocolmo (su nieto fue el fundador del Dansmuseet) y el pequeño **Hallwylska Museet** *(hallwylskamuseet.se; adultos/niños 120 SEK/gratis)* es un monumento a la pasión coleccionista de la familia, especialmente de Wilhelmina. A lo largo de su vida, esta noble reunió una ecléctica colección de objetos y pinturas que intuía (acertadamente) que fascinarían al público cuando fueran expuestas. Hay de todo, desde pinturas hasta objetos relacionados con el retrete. La casa en sí es una maravilla. Se recomienda recorrer sus habitaciones profusamente decoradas, donde se exponen con gracia sus elementos minuciosamente catalogados para hacerse una idea de cómo vivían los ricos de la época. Las entradas solo sirven para acceder a dos de las cinco plantas, y no hay ascensor, lo que lo convierte en uno de los museos menos accesibles de Estocolmo.

De compras y a lo loco DE COMPRAS

PLANO: 8 P. 52 **C3**

La calle comercial **Drottninggatan** se extiende casi por todo Norrmalm, uno de los principales barrios comerciales de Estocolmo. Aquí se encuentran todas las tiendas a la última imaginables y es un lugar estupendo para comprar diseño contemporáneo a precios accesibles, ya sea ropa o artículos del hogar. Algunos de los nombres son conocidos (están todas las cadenas internacionales), pero también se pueden encontrar pequeñas tiendas especializadas. Si se busca cristalería, **Måleras Glassworks** es el lugar adecuado. **Lager 157** es conocida en Escandinavia por vender vaqueros de alta calidad y ropa de invierno a precios razonables.

Esto es historia MUSEO

PLANO: 9 P. 52 **G6**

El **Nationalmuseum** *(nationalmuseum.se; adultos/menores de 20 años 160 SEK/gratis)* alberga la mayor colección de arte y objetos de diseño de Suecia. Su impresionante edificio tiene vistas al agua y es un buen lugar para hacer una parada si ya se ha visitado Gamla Stan o Djurgården. Es posible ir solo a pasar el rato a su cafetería o al patio de esculturas, que contiene varias joyas. Pero ¿por qué privarse de las increíbles obras que aguardan en el interior? Es uno de esos lugares donde vale la pena darse el capricho de una audioguía. La colección se presenta cronológicamente, pero también sigue un hilo narrativo que explica el vínculo entre algunas de las piezas. El jardín de esculturas, por ejemplo, cuenta la historia del paso del idealismo al realismo, cuando los escultores empezaron a dedicar grandes esfuerzos en infundir vida y movimiento al mármol. El museo se centra en el arte y diseño europeos, obviando el resto del mundo, pero merece la pena. Los amantes del diseño sueco se sentirán especialmente fascinados con el Design Depot, sección con una selección de objetos bellísimos que muestran la evolución del diseño sueco.

Arte del bueno

GALERÍA

PLANO: 10 P. 52 **D6**

La Real Academia de Bellas Artes, **Konstakademien** *(konstakademien.se; gratis)*, es la academia más antigua de Suecia y concede premios a otras academias artísticas del país. Se sitúa en el bonito edificio neoclásico de Fredsgatan, en el gran intercambiador, con un espacio de galería que homenajea a los mejores del arte contemporáneo. Se trata principalmente de arte moderno y experimental, que se presenta a la academia para ser evaluado por sus miembros, pero también expone obras excepcionales de renombre internacional. Asimismo, contiene una de las principales colecciones de arte realizado por mujeres, ya que fue una de las primeras academias de Europa en aceptar a féminas, aunque fuera de manera informal. Puede que no

¿NORRMALM O DJURGÅRDEN?

Los límites entre algunos barrios de Estocolmo son un poco arbitrarios, en parte porque es una ciudad muy compacta con solo unos cuantos elementos haciendo de barrera. Södermalm, Långholmen y Kungsholmen están totalmente enclavados en sus propias islas, pero el resto de los barrios tienen fronteras difusas. La línea que separa Vasastan de Norrmalm es una calle. Por su parte, Skeppsholmen se considera parte de Djurgården, aunque conecta con Norrmalm a través de un puente, pero no con Djurgården. El Moderna Museet, que se encuentra en Skeppsholmen, se suele considerar parte de Djugården, a pesar de estar a 5 min a pie de la entrada del Nationalmuseum.

le guste a todo el mundo y que no sea de gran interés para los niños, pero puede servir de inspiración para las jóvenes promesas. Si se tienen unos minutos, es una buena opción. Además, es gratis. La galería abre de 11.00 a 16.00, así que si se quiere visitar hay que planificarlo entre otras actividades. Es pequeña, la visita no suele durar más de 1½-2 h.

Siguiendo sus huellas PASEO

El **Ayuntamiento de Estocolmo** ofrece una serie de itinerarios temáticos a pie *(stadsmuseet.stockholm/en/group-booking/city-walks; 3190 SEK por grupo)* que se reservan directamente con guías acreditados. En Norrmalm y la zona central de Estocolmo, estos recorridos se centran en algunas de las principales figuras del diseño sueco, cuyas vidas debieron cruzarse en esta zona cuando la ciudad empezó a extenderse hacia el norte. Los paseos, de 90 min, son una excelente forma de apoyar los negocios locales y descubrir el trabajo de los lugareños. Se puede reservar por correo electrónico en boka.stadsmuseet@stockholm.se y unirse a un grupo si se viaja en solitario.

Ciudad cultural FESTIVAL

Cada verano, hacia finales de agosto, las calles y espacios de Estocolmo se llenan de vida con el **Kulturfestivalen** *(kulturfestivalen.stockholm.se; gratis)*, el mayor festival cultural del país. Se celebra a lo largo de una semana y sus principales ubicaciones se sitúan en Norrmalm, excepto el Skeppsbron, en Gamla Stan, y la fiesta de Båtskenen, que se celebra en un barco atracado, también junto a Gamla Stan. La programación es intensa, llena de música, cultura y danza por toda la ciudad. Las actividades se dan a conocer a principios de año, así que para quienes tengan preferencias, es mejor planificarlo y hacerse un programa que permita ir de un escenario a otro. Si por el contrario el visitante se encuentra en la ciudad de casualidad durante el festival, se puede pasear tranquilamente entre las plazas principales de Norrmalm, desde Sergels Tog hasta Kungsträdgården, para hacerse una idea general del ambiente. Y lo mejor: ¡es gratis!

Espacio pequeño, grandes obras GALERÍA DE ARTE

PLANO: 11 P. 52 E4

A los aficionados a las pequeñas galerías de arte les encantará **Wetterling Gallery** *(wetterlinggallery.com; gratis)*. Esta galería privada muestra una ecléctica colección de arte moderno, divertida y fácil de ver, con exposiciones temporales de artistas suecos emergentes y nombres internacionales. Si no se sabe qué hacer en Kungsträdgården, vale la pena descubrir nuevos artistas. La entrada es gratuita y el lugar no es muy grande. A no ser que se quiera examinar cada pintura en detalle, la visita no durará más de 1-2 h.

Los reyes del hielo BAR

PLANO: 12 P. 52 **B4**

El **Icebar** (p. 65) es una experiencia única que deja buenos recuerdos y buenas fotos. Pero ¿es el mejor bar de Estocolmo? Probablemente no. Está bien para lo que es: una atracción turística que atrae a mucha gente. Es difícil disfrutar de la consumición cuando se está pasando frío, aunque se vaya muy abrigado, con lo cual hay poca gente que se quede en el bar durante mucho rato. Dicho esto, es un sitio para hacer buenas fotos que quedarán muy bien en Instagram y tener una historia que contar al volver a casa. Tiene buenas bebidas. Cientos de miles de personas acuden a este bar cada año, así que si se va en buena compañía y se tiene una gran tolerancia al frío, ¿por qué no?

'Jazz' para todos MÚSICA EN DIRECTO

PLANO: 13 P. 52 **E2**

En Estocolmo hay mucha afición al *jazz* y uno de los lugares clave de esta pasión es el **Glenn Miller Café,** en Brunnsgatan. Es, ante todo, una sala de conciertos, con la comida y la bebida en segundo plano, pero hace las dos cosas bastante bien. Hay conciertos todos los días excepto los domingos y a menudo se trata de artistas suecos, aunque de vez en cuando se deja caer algún músico internacional. Hay tres partes cada noche; se puede asistir solo a una o bien pagar por las tres, pero si no se va a cenar hay que quedarse en la barra. Y si se va solo al bar, habrá que pagar una entrada para la actuación del día. Los fines de semana se llena; para grupos grandes es mejor reservar con antelación. Es uno de los emblemáticos locales del Stockholm Jazz Festival.

EN EL CENTRO DE TODO

T-Centralen es la principal estación de *tunnelbana* de Estocolmo y seguramente se pase por ella al ir de norte a sur o viceversa. Ya que hay varios medios de transporte en diferentes niveles, puede ser un poco intimidante si se va con prisa. Hay paneles de información por todas partes, pero lo mejor para orientarse es fijarse en la estación terminal. Vale la pena detenerse en la estación un día que se vaya sin prisa, mirando hacia arriba y a los lados: es una de las estaciones más artísticas de la ciudad, con sus mosaicos abstractos y sus vestíbulos de entrada, los pájaros del andén del cercanías y su famoso "andén azul".

ARTE SUBTERRÁNEO

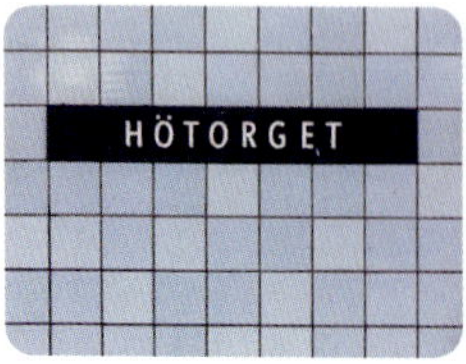

En Estocolmo están muy orgullosos del arte de sus estaciones de *tunnelbana* (metro). Tres de las más interesantes se encuentran en Norrmalm, adonde se puede ir andando desde Hötorget. La estación de esta plaza es una de las más antiguas. Se finalizó en 1952 y está construida en un estilo brutalista clásico, con azulejos originales azul claro que recuerdan a las paredes de un hospital psiquiátrico de película. Puede que no suene muy bien, pero el brutalismo ha vuelto con fuerza y su sobriedad tiene un toque artístico y excesivo a la vez, acentuado por las luces de neón añadidas en 1998.

El característico azul de la estación T-Centralen.

SIMLINGER/SHUTTERSTOCK ©

Localizaciones en el plano de la **p. 52**

Lo mejor para...

€ Económico €€ Medio €€€ Alto

Comer

Especialidades suecas

Hellbergs €€
véase 6 C3
En la planta inferior del Hötorghallen. Fantástico para comida sueca. *hellbergsfagelvilt.se; 10.00-19.00 lu-vi, 10.00-16.00 sa*

Bakfickan €€€
14 F5
Una versión de lujo de los clásicos suecos. *operahuset.se/en/restauranger/bakfickan; 11.30-23.00 lu-vi, desde 12.00 sa*

Cenas de lujo

Operakällaren €€€
15 F3
Cocina de lujo galardonada en elcomplejo de la Ópera. *operahuset.se/en/lokaler/operakallaren; 18.00-1.00 ma-ju, 12.00-1.00 vi y sa*

Frantzén €€€
16 B3
Ofrece un premiado menú de degustación fijo. Hay que reservar. *restaurantfrantzen.com; 11.00-1.00 lu-vi*

Vegetariano

Holy Greens €
17 E4
Ensaladas y platos vegetarianos. *8.00-20.00 lu-ju, hasta 19.00 vi, 11.00-18.00 sa y do*

Underbar €€
18 B1
Comida libanesa con muchas opciones. *restaurangunderbar.se; 11.00-14.30 y 17.00 hasta tarde lu-vi, 16.00 hasta tarde sa y do*

Un combinado

K25 €
19 E2
Mercado gastronómico con un poco de todo donde se puede pedir excelente comida para llevar. *k25.nu; 11.00-21.00 lu-sa*

Beber

Noches eclécticas

Fasching
véase 1 A3
Música en directo y baile, bebidas y algo de comer. *fasching.se; 23.00 hasta tarde*

Café Opera
20 F5
Pompa y glamur para una noche especial. *operahuset.se; 10.00-3.00 mi, vi y sa*

Icebar
véase 12 B4
Una experiencia única si se soporta bien el frío. *icehotel.com/icebar-icehotel; 13.00-22.45 lu-do*

Comprar

Compras terapéuticas

NK
21 E4
El principal centro comercial de Estocolmo ofrece una selección de moda local, comida y mucho más. 10.00- *10.00-19.00 lu-vi, hasta 18.00 sa, 11.00-17.00 do*

Mood Stockholm
22 E3
Lo mejor de la comida, el diseño y la moda suecos en un ambiente especialmente cuidado. *10.00-19.00 lu-vi, hasta 18.00 sa, 11.00-17.00 do*

Sugerencias de lugares para comer, beber y comprar en **p. 84**

Explora Djurgården y Skeppsholmen

El pulmón de Estocolmo, Djurgården –la isla y el parque homónimo– ha vivido muchas vidas, como coto de caza para la realeza sueca o como muelle de la Marina, por ejemplo. Hoy es uno de los lugares más visitados de la ciudad, con incontables museos y galerías de arte, un parque de atracciones y kilómetros de caminos que ofrecen algunos de los mejores paseos en bicicleta o a pie. El cercano Skeppsholmen es más pequeño, pero también tiene una historia muy rica, ya que fue un enclave militar de gran importancia y ahora alberga algunos de los museos más emblemáticos de la ciudad. No hay que perderse el cercano Kastellholmen y sus impresionantes vistas de la bahía.

Cómo desplazarse

Autobús

El nº 67 va de Djurgården a Östermalm, mientras que el nº 69 conecta Norrmalm con la isla.

Tranvía

El nº 7 conecta Djurgården con la T-Centraalen, en Norrmalm. Los fines de semana y los días laborables de verano, el histórico tranvía nº 7N va de Norrmalmstorg a Waldemarsudde.

Barco

La tarjeta SL es válida para el ferri Djurgårdsfärjan entre Slussen y Djurgården pasando por Skeppsholmen.

Skeppsholmen.
HANS BAATH/SHUTTERSTOCK ©

★

LO MEJOR

GRAN MUSEO
Nordiska Museet (p. 78)

PEQUEÑO MUSEO
Prins Eugens Waldemarsudde (p. 83)

GALERÍA DE ARTE
Thielska Galleriet (p. 80)

CAFETERÍA
Rosendals Trädgårdskafe (p. 84)

PARA NIÑOS
Junibacken (p. 80)

A
B
C
D
E
F
1
2
3
4
Línea del tranvía n.º 7
Strandvägen
Styrmansgatan
Djurgårdsbron
Nobelgatan
Royal Djurgården Visitor Center
Djurgårdsbrunnsviken
Ladugårdslandsviken
Galärparken
Junibacken
Nordiska Museet
Nordiska Museet/ Vasamuseet
Galärvarvsvägen
Tyghusparken
Vasamuseet
Galärkyrkogården
Rosendalsvägen
De Besches Väg
Rosendals Slott
Rosendalsterrassen
Stockholm Toy Museum
Slupskjulsvägen
Skeppsholmen
Spritmuseum
Viking Museum
Liljevalchs Konsthall
Hazeliusporten
Djurgårdsvägen
Skansen
Sirishovsvägen
Orangerivägen
Solliden
Djurgården
DJURGÅRDEN
Batteriparken
Exercisplan
Moderna Museet
Svensksundsparken
Långa Raden
Amiralitetsparken
ABBA: The Museum
Liljevalchs/Gröna Lund
Skansen Akvariet
Valmundsvägen
Lilla Allmänna Gränd
Gröna Lund Tivoli
Singelbacken
Bellmansro
Djurgårdsslätten
Strömmen
Kastellparken
Kastellholmen
Waldemarsudde
Prins Eugens Väg
Saltsjön
Beckholmen
Waldemarsviken
Prins Eugens Waldemarsudde
Más información
Imprescindible p. 69
Experiencias p. 78
Comer p. 84
Beber p. 84
Comprar p. 85
0
500 m

★ IMPRESCINDIBLE

Skansen

El museo al aire libre más grande del mundo, diseñado para entretener e informar a visitantes de todas las edades, es como un viaje entre instantáneas de la era preindustrial de Suecia y otros países nórdicos.

PLANO: P. 68 **D3**

Viajando en el tiempo

El **Skansen** ha sido diseñado como una pequeña ciudad por la que se puede pasar el día paseando, disfrutando de sus edificios y sus exposiciones, de su artesanía tradicional, su cultura y su gastronomía. Hay demostraciones en directo durante todo el día, restaurantes y tiendas. Puede ser un poco abrumador si no se sabe por dónde empezar, por eso se recomienda la ruta de introducción, que está incluida en la entrada. La visita de 30 min en inglés sirve para hacerse una idea de los edificios y su significado cultural, una noción general de la disposición y de cómo orientar la visita. Empieza en el vestíbulo con las escaleras mecánicas y no es necesario reservar, pero solo hay una al día entre semana y dos los fines de semana.

CONSEJO
Si se quiere visitar más de una vez, merece la pena comprar el pase anual; cuesta menos que dos entradas sencillas.

Cantar a pleno pulmón

Durante ocho martes de verano, el Skansen organiza conciertos que empiezan con cantos colectivos y terminan con baile hasta las 22.00, aproximadamente. Se puede pasear por los museos de día y terminar la tarde en el exterior, viendo la puesta de sol desde el césped mientras los suecos se desgañitan cantando tonadas populares y clásicos a todo volumen. Es una excelente actividad apta para niños, que puede ayudar a los más pequeños a gastar el exceso de energía de los largos días de verano. Las canciones están en sueco, pero la música

Consulta los horarios de las actividades interactivas antes de ir.

KIRK FISHER/SHUTTERSTOCK ©

UNA PAUSA
El **Café Petissan** (p. 84) de Storgatan es un sitio excelente para un buen *fika* (café y bollo) en un ambiente exquisito. Se sirve bollería fresca todo el día.

no conoce fronteras, así que lo mejor es comprar un refresco y dejarse llevar.

Delicias de invierno

Las largas y frías noches de invierno pueden intimidar a los recién llegados, pero siempre hay algo que hacer en El Skansen, incluso en pleno invierno. El mercado navideño es encantador, igual que la tradición popular de Lucía (fiesta tradicional del final del otoño que celebra la esperanza del retorno de la luz y que conmemora el martirio de la santa sueca del mismo nombre). Un día señalado del invierno es el día nacional de los sami, celebrado el 6 de febrero. En 1992, los sami, pueblo indígena del norte de Suecia, se reunieron para organizarse y luchar por sus derechos civiles y por protección por parte del Gobierno. Desde entonces, el día se celebra en todo el país. En el Skansen, se conmemora con una semana de música, bailes y comida, además de la exposición de las colecciones sami del museo. Los suecos dicen que no existe el mal tiempo, solo la ropa inadecuada. Así que ¡a abrigarse y a celebrar!

Para los más pequeños

El Skansen es uno de los mejores lugares de Estocolmo para niños, lo que es mucho decir en una ciudad en la que los museos y otros puntos de interés hacen siempre lo posible por incluirlos. El Lill Skansen es un lugar especialmente atractivo para los jóvenes visitantes. No solo verán los animales típicos de un zoo, sino que también podrán vivir una experiencia en la que acompañarán a uno de los cuidadores durante 1½ h y enseñarán el animal a otros jóvenes visitantes (900 SEK, reservas por correo electrónico bokning@skansen.se). Se necesitan al menos dos niños de entre 4 y 10 años. La entrada incluye también a un adulto.

SE ADMITEN ANIMALES DE SERVICIO

No se admiten animales de compañía en el Skansen porque muchos de los animales de las instalaciones podrían enfermar por contagio. Los animales de servicio son la excepción, pero deben ser fácilmente identificables por sus arneses y los dueños deben firmar una declaración en la entrada de que no sufren ninguna enfermedad contagiosa.

★ IMPRESCINDIBLE

Vasamuseet

Durante siglos, los suecos zarpaban para explorar el mundo. Ahora se puede disfrutar de la larga historia marítima de Suecia en el **museo** más visitado de Escandinavia, una muestra del alcance y los límites de las ambiciones de esta nación marinera.

PLANO: P. 68 **B2**

CONSEJO
Hay visitas en inglés cada 30 min incluidas en el precio de entrada.

Escanea este código QR para entradas combinadas con el Vrak-Museum of Wrecks (Museo de los Naufragios).

El museo

Durante siglos, los habitantes de Suecia y de la región nórdica construyeron majestuosos barcos para abandonar este frío rincón del mundo y surcar los mares en busca de todo tipo de tesoros. Uno de los mejores ejemplares de estos navíos es el *Vasa,* que representa la ambición y el fracaso de las proezas marítimas de los suecos. Este imponente navío es la pieza central del museo, perfectamente conservado en el corazón cavernoso del edificio, tras pasar por muchas fases luego de su malogrado viaje inaugural en 1628. Se puede descubrir más sobre su historia con una visita autoguiada por el museo, pero la entrada incluye una ruta de 25 min, muy bien planteada; sería una pena perdérsela. Los guías se encuentran en la entrada del museo cada 30 min desde las 10.30 hasta el cierre.

¡Bienvenidos a bordo, marineros!

El Vasamuseet es un monumento a la historia naval de Suecia, en especial al rey Gustavo II Adolfo, que encargó la construcción del *Vasa* para demostrar su habilidad militar e impresionar a sus enemigos. Las elaboradas esculturas talladas en los laterales y en su interior no son meros adornos: son parte del mensaje que el rey quería enviar al mundo sobre la potencia militar de Suecia. La exposición *The Vasa Up Close* permite aproximarse a estos detalles

fascinantes que también son prueba de la elaborada artesanía de la época. Algunas de las réplicas están pintadas en los colores originales del barco, lo que ayuda a imaginárselo tal y como era en su época dorada.

Diversión familiar

Si no se quiere hacer la visita guiada o si se quiere disfrutar un poco más del Vasamuseeet y pasar un buen rato en familia, siempre se puede optar por el recorrido familiar. Se trata de un mapa que guía a los visitantes por el museo con paradas en las partes más fascinantes del barco. La experiencia está especialmente diseñada para niños y es más una búsqueda del tesoro que una exploración en profundidad. Se puede conseguir una copia gratuita del mapa en el mostrador o imprimirla por adelantado en la web del Vasamuseet *(vasamuseet.se)*.

★ IMPRESCINDIBLE

Moderna Museet

Ningún otro museo de Estocolmo refleja tan bien el ambiente contemporáneo de la ciudad como el **Moderna Museet.** Es cierto que contiene algunas obras de grandes artistas, pero es sobre todo un espacio para los entusiastas capaces de apreciar excelente arte moderno sin necesidad de nombres.

PLANO: P. 68 **A2**

CONSEJO
La forma más sencilla de llegar al museo es a pie hasta Skeppsholmen desde Kungsträdgården, en Norrmalm. Se tarda unos 10 min, pero también se puede llegar caminando desde Gamla Stan.

Escanea este código QR para descargar audioguías gratuitas de las exposiciones.

La colección

El corazón del Moderna Museet es la colección que presenta a figuras de renombre internacional como Andy Warhol y artistas suecos que han sentado las bases del arte en el país. En la cuarta planta (en realidad, la planta baja a pie de calle) la colección se extiende a lo largo de tres salas e incluye arte europeo contemporáneo. En lugar de seguir un orden cronológico, el museo se nutre de sus vastos fondos y presenta exposiciones temporales sobre temas específicos. La colección es extensa y sigue creciendo; hay innumerables historias detrás de sus obras, algo que lo convierte en una de las mejores atracciones de la ciudad.

Visningsmagasinetis

Una de las innovaciones más interesantes del Moderna Museet es la Visningsmagasinetis ("galería estudio"), un espacio en la segunda planta que permite experimentar la colección del museo sin tener que moverse por él. La idea surgió en los años sesenta, pero no se realizó hasta el 2008. Ahora parece un diseño salido de los Supersónicos: 30 pantallas sobre diferentes temas bajan a altura de los ojos y lo único que hay que hacer es quedarse quieto y ver pasar el museo.

RITU MANOJ JETHANI/SHUTTERSTOCK ©

Arte para el pueblo

El Moderna Museet también presenta una buena colección de esculturas en su jardín, en torno a Skeppsholmen. Algunas obras son más visibles que otras. La instalación de *Los cuatro elementos,* por ejemplo, es difícil de pasar por alto, pero otras son más sutiles, como la loma con césped por la que se pasa al recorrer el perímetro de la isla. Esta discreta y pequeña colina es en realidad una instalación llamada *Louisa,* que el artista Thomas Woodruff instaló en 1988, y es intencionalmente dinámica, ya que cambia con las estaciones y con el paso del tiempo. Hay audioguías disponibles en el sitio web del museo *(modernamuseet.se)* y en la entrada.

UNA PAUSA
La cafetería y el restaurante del museo ofrecen excelentes vistas del agua, en especial en verano. A veces relacionan sus platos con los temas de la exposición.

CIRCUITO A PIE

Las esculturas de Djurgården

Todo Djurgården parece un enorme parque. La isla fue en su momento un coto real de caza y todavía conserva cierto aire campestre, y esconde muchos tesoros en sus verdes colinas y en sus orillas. Este paseo recorre algunas de las esculturas del parque.

INICIO	FINAL	DURACIÓN
Blå Porten	Gravitational Ripples	4 km; 1-2 h

1 Blå Porten

La **Blå Porten** ("puerta azul") era la entrada al parque real para los visitantes que no pertenecían a la nobleza y su primer punto de acceso para todos los que llegaban a Djurgården a pie. En el Royal Djurgårdsvägen Visitor Center se pueden alquilar bicis tradicionales para recorrer la isla.

2 'Life Rings'

Hay que seguir el Djurgårdsbrunnsviken, el canal que se separa de Ladugårdsgärdet por el norte, hasta llegar a la escultura *Life Rings*, una compleja torre de flotadores salvavidas blancos y rojos, una de las muchas esculturas que forman parte del Prinsessan Estelles Skulpturpark (Parque Escultórico Princesa Estelle).

3 'Hoop-La'

Junto al Rosendals Slott –un palacete construido para Carlos XIV Juan en la década de 1820 y uno de los primeros ejemplos de casa prefabricada– y junto a la pasarela que cruza a Ladugårdsgärdet, se encuentra la escultura de aluminio y acero *Hoop-La*, de Alice Aycock.

4 'Wind Sculpture'

Hay que subir la colina arbolada hacia el sur para ver la escultura *Wind Sculpture*, de Yinka Shonibare, que hace que el bronce parezca una ondulante tela con estampado de batik. Es un buen lugar para tomarse un descanso en la cafetería.

5 'Untold'

Hay que seguir Rosendalsvägen de vuelta hacia el agua para llegar hasta *Untold*, de Charlotte Gyllenhamar, una imponente escultura de bronce con forma humana que recuerda a un centinela en el bosque de hayas cercano al Rosendals Slott.

6 'Inner Flow of Life'

Si se va por Israel-af-Ströms Väg dejando el Rosendals Slott a las espaldas, se llega a la última escultura adquirida por el parque, *Inner Flow of Life*, de Guiseppe Penone, que representa un árbol saliendo de una roca.

7 Estatua de Gustaf Frödings

Hay que seguir hacia Djurgårdsbron para ver esta escultura de 1921 del poeta sueco mirando en dirección a su última morada. Desde aquí se pueden oír y ver las abundantes aves de las inmediaciones, como los cárabos.

8 'Gravitational Ripples'

Caminando hacia Thielska Gallereit en el extremo de la isla, siguiendo Manilavägen hacia Djurgårdsvägen, se llega a *Gravitational Ripples*, un monumento a las víctimas del tsunami del 2004 y un buen lugar para descansar tras la caminata.

EXPERIENCIAS

Un poco de vida nórdica MUSEOS

PLANO: 1 P. 68 **C2**

Si se visita Estocolmo por primera vez y no se tiene demasiado tiempo, pero se quiere descubrir lo que diferencia a Escandinavia del resto de Europa, lo mejor es dirigirse directamente al **Nordiska Museet** *(nordiskamuseet.se; adultos/niños 170 SEK/gratis)*. Este imponente edificio de la entrada del Djurgården, con su arquitectura neogótica, puede intimidar un poco, pero en realidad ofrece opciones de visitas autoguiadas o guiadas que pueden limitarse a unos 45 min. Hay que ir directamente a la planta superior, a la exposición permanente *Nordic Life,* para una rápida visita histórica y cultural, pero si se tiene más tiempo, se recomienda ver la exposición *Arctic Life,* donde se puede descubrir más sobre la cultura sami y caminar por una sala que parece un iceberg.

Más allá de barbas y barcos MUSEO

PLANO: 2 P. 68 **C2**

Pero, ¿qué es un vikingo? En el **Viking Museum** *(thevikingmuseum.com; adultos/niños/menores de 6 años 199/149 SEK/gratis)* se puede encontrar la respuesta a esta y otras muchas preguntas sobre los pueblos que dieron lugar al período histórico más conocido de Suecia. Hay barbas y barcos, claro, pero también mucha información sobre las mujeres y niños que se quedaban, una vez que se iban los barcos, luchando por sobrevivir en un clima a veces muy hostil. No hay que perderse la Saga de Rangfrid. Este viaje de 11 min lleva al visitante por una incursión vikinga en Europa a través de la historia de un gobernante del s. IX (incluido en el precio de la entrada). Con el cierre indefinido del Museo Medieval, es el mejor lugar de Estocolmo para acercarse a este período de la historia europea.

Bajo el mar ACUARIO

PLANO: 3 P. 68 **D3**

Si se viaja con niños, el **Skansen Akvariet** *(skansen.se/aquarium; adultos/niños 160/80 SEK)* es un buen lugar para pasar unas horas quemando el exceso de energía mientras se aprende. Lo de "acuario" es relativo: se trata más bien de un zoo con todo tipo de animales, ya sean de mar o no. Gran parte de la experiencia es interactiva, como el tanque de mantas raya. Los adultos pueden disfrutar del rincón de "aplausos y abrazos" que tiene lugar los fines de semana en temporada alta. Es una parte muy bonita de la experiencia en la que se crea un ambiente seguro para que los visitantes superen su miedo a las arañas, las serpientes o las aves. La entrada al acuario es independiente a la del Skansen y la experiencia completa dura casi 2 h, que pueden llegar hasta 6 h si se hace esta última actividad.

'Take a Ch-Ch-Chance on Me' MUSEO

PLANO: 4 P. 68 **C3**

Año 1974. Melenas afro, plataformas y pantalones de campana. En el festival de Eurovisión, celebrado en Brighton, un cuarteto sueco está a punto de pasar a la historia con una canción que, 50 años después, todo el mundo se sabe, aunque no entienda la letra. Esta es la historia de los orígenes de ABBA: la banda que cambió para siempre la música pop y cuyas letras y arreglos siguen conquistando a millones de personas de todo el mundo. En **ABBA: The Museum** *(abbathemuseum.com; adultos/niños 239/100 SEK)* se puede descubrir todo sobre el grupo y su legado, además de disfrutar de una exposición interactiva en la que el visitante se convierte en el quinto miembro de la banda. Por un precio adicional se puede hacer la ruta ABBA Djurgården, que recorre los lugares de la isla donde fueron fotografiados los miembros del grupo. Las entradas solo se pueden comprar en línea y con antelación.

Único en su especie CASA HISTÓRICA

PLANO: 5 P. 68 **F2**

Alejado del bullicio de los otros museos de Djurgården, rodeado de cuidados jardines, hay un palacete que no impresiona tanto como las otras residencias reales de Suecia, pero que tiene una interesante historia sobre la evolución de la construcción a lo largo del tiempo. El **Rosendals Slott** *(kungligaslotten.se/english/royal-palaces-and-sites/rosendal-palace.html; adultos/niños 130/65 SEK)* era la residencia de verano de la familia real, construida en un estilo exclusivamente sueco y en parte prefabricada. El interior del palacio permanece prácticamente intacto, con sus muebles y decoración. Es como asomarse a la vida privada de la realeza que, por su parte, se instaló aquí para escapar del común de los mortales. El palacio no hacía visitas guiadas cuando se redactó esta guía, pero es posible visitarlo y pasearse por él. El parque cierra en verano, excepto para grupos previa reserva.

KUNGLIGA NATIONALSTADSPARKEN

El Djurgården y las zonas adyacentes de Östermalm forman parte del Kungliga Nationalstadsparken, una amplia zona verde que se extiende hasta Ulriksdal, cerca del Hagaparken. Es este parque el que le da a Estocolmo su sensación de apertura, convirtiéndola en una ciudad rodeada de naturaleza y no de grandes edificios. A diferencia de lo que ocurre en otras grandes ciudades, el parque no está vallado por completo y, de hecho, hay varias viviendas en zonas en las que cabría imaginar que están prohibidas las residencias y actividades comerciales. Si se busca algo de actividad, es un buen sitio para montar en bici o correr.

Pequeña pero matona

GALERÍA

PLANO: 6 P. 68 F3

Edward Thiel construyó una casa especialmente diseñada para que albergara su colección de arte y para poder vivir entre sus obras. Aunque tuvo que vender la propiedad al Gobierno sueco para reponerse tras algunas malas decisiones financieras, el ejecutivo conservó la **Thielska Galleriet** *(thielskagalleriet.se; adultos/niños 150 SEK/gratis)* más o menos intacta, incluyendo los muebles. El visitante puede fantasear con que es el dueño de esta impresionante casa y de su colección. La principal exposición se encuentra en dos salas de la galería, pero también hay una sala dedicada al pintor noruego Edvard Munch, uno de los talentosos amigos de Thiel. La galería solo abre por las tardes de martes a domingo.

¡Todos a bordo!

ACTIVIDAD PARA NIÑOS

PLANO: 7 P. 68 B1

Para millones de personas en el mundo, **'Pippi Långstrump',** de Astrid Lindgren, fue el primer libro que les hizo sentir interés por la lectura y el **Junibacken** *(junibacken.se; adultos/niños 165-225/160-190 SEK)* es una celebración de las obras de esta autora y de otros escritores de obras infantiles. Los decibelios de este centro cultural pueden ser un poco abrumadores para visitantes de mayor edad, pero hay algo muy especial en un espacio cultural dedicado a la lectura, el juego y la infancia. A los niños les encantará el tren de las historias, un paseo de 15 min por el museo que cuenta historias de la autora (incluido en el precio de la entrada individual). También alberga la mayor librería infantil de Suecia para llevarse recuerdos para los más pequeños. Las entradas se pueden reservar con antelación en línea; los precios varían y dependen de las franjas horarias.

GRATIS NIÑOS GRATIS

Estocolmo es una de las ciudades del mundo más aptas para niños, con museos y otros espacios de libre acceso, además de actividades especialmente seleccionadas e instalaciones específicas. El problema es que la definición de "niño" cambia mucho según las instituciones. En algunos sitios, un niño es cualquier persona menor de 18 años; en otros, menor de 20; y en otros, es posible que los adolescentes tengan que pagar una tarifa reducida. En cualquier caso, al visitar un punto de interés turístico o al comprar una entrada (también los billetes de transporte) vale la pena preguntar si hay descuentos para niños, personas mayores o visitantes con discapacidades.

ACCESIBILIDAD EN DJURGÅRDEN

Los puntos de interés de las islas de Djurgården y Skeppsholmen tienen diferentes grados de accesibilidad para las personas con movilidad reducida o con necesidades especiales. Como regla general, los museos son los que cuentan con más facilidades, mientras puntos de interés como el Grona Lund Tivoli pueden requerir un poco de planificación. El Skansen (p. 69) es un museo al aire libre, básicamente una pequeña ciudad, en una parte un poco accidentada de la isla. Aunque las sillas de ruedas pueden recorrer la mayoría de los espacios, puede resultar cansado. Se recomienda una silla con motor.

Grandes sensaciones PARQUE DE ATRACCIONES

PLANO: 8 P. 68 **C3**

Está claro que pasar el tiempo libre desafiando las alturas y la velocidad en un parque de atracciones no es para todos los gustos. El **Gröna Lund Tivoli** *(gronalund.com; 420 SEK pase de verano)* es muy popular entre los suecos, pues es el único en el país y está a la altura de los grandes parques internacionales. Si se tiene un tiempo limitado en Estocolmo, puede que no sea prioritario, porque no es una experiencia exclusivamente sueca. Pero si nunca se ha estado en un parque de atracciones, sin duda es una buena opción. Para conseguir un buen subidón de adrenalina con una tarde bastaría. Cierra en invierno y algunas atracciones tienen limitación de edad, por lo que no se recomienda si se viaja con niños muy pequeños.

Se prevén altas temperaturas ACTIVIDAD

Una de las actividades más populares del Skansen (p. 69) es el taller de soplado de vidrio que realiza **Stockholms Glasbruk** *(stockholmsglasbruk.com; taller/grupos de 6 personas, 1900/550 SEK)*, cerca del Hotel Hasselbacken. Los sopladores de vidrio mantienen vivas las técnicas históricas e invitan a realizar un adorno de Navidad o un pequeño cuenco para llevar a casa. Los talleres son de 1 h y se puede elegir el objeto que se prefiera hacer para llevárselo más tarde. Se necesita un mínimo de dos adultos. Es una actividad muy popular, salen algunas plazas a principios de mes, pero se acaban pronto.

Suecia y el alcohol MUSEO

PLANO: 9 P. 68 **C2**

A menudo se dice que la relación de los suecos con el alcohol es "complicada". Suecia ha tenido una larga historia con el alcoholismo, lo que ha dado lugar a propuestas

EN EL MÓVIL

Algunos museos de Estocolmo permiten descargar audioguías gratuitas por adelantado. Al preparar el viaje, es una buena forma de ahorrar tiempo. Por desgracia, hay que descargarse varias aplicaciones. Una de las más útiles es Kungliga Promenader (gratuita), para una visita guiada de las esculturas del parque, a veces narrada por los artistas que hicieron la escultura o instalación.

como las *systembolaget*, tiendas estatales que venden en exclusiva cualquier bebida con más de 3,5% de alcohol. El **Spritmuseum** *(spiritmuseum.se; adultos/niños 190/95 SEK)* versa sobre este aspecto de la sociedad sueca. Es un museo de verdad, a diferencia de otros sobre el alcohol en los que solo se promocionan marcas. Este tiene un enfoque más crítico, celebra el arte de fabricar alcohol y habla de los daños que ocasiona. También alberga la colección de arte de Absolut, una de las mayores colecciones de arte pop del mundo. Cuenta con varios originales de Warhol, que suelen verse en exposiciones temporales.

Algo diferente

MUSEO

PLANO: 10 P. 68 **C2**

Si no se es muy fan de los grandes museos, siempre se puede ir al **Liljevalchs Konsthall** *(liljevalchs.se; adultos/niños 150 SEK/gratis)*. Esta pequeña galería se oculta entre el ABBA: The Museum (p. 79) y el Nordiska Museet, y a veces no recibe la atención que merece. Contiene una increíble colección de arte sueco contemporáneo y cada año alberga una exposición de primavera que celebra las nuevas obras expuestas. El emblemático **Blå Porten Café** (p. 84), con su alabado menú vegetariano, se encuentra en la entrada y se puede combinar un fantástico almuerzo con un paseo por el museo.

Sobre las aguas

PASEO POR EL AGUA

PLANO: 11 P. 68 **C1**

La sensación de estar en el agua en Estocolmo en un día caluroso de verano es insuperable y Djurgården es un lugar excelente para ello. Es posible alquilar un kayak o una barca de pedales para remar en el **Royal Visitor Center.** El anfibio Ocean Bus es una actividad divertida para familias, especialmente cuando se zambulle en el agua. Si no se tiene un gran presupuesto, también se puede utilizar la tarjeta SL para organizarse una ruta por las islas. Los barcos a Slussen salen del exterior de la Thielska Galleriet y permiten ir de una isla a otra.

¡A jugar!

MUSEO

PLANO: 12 P. 68 **A2**

Dicen que quien deja de jugar envejece. Así que aquellos que quieran mantenerse jóvenes no deben perderse el **Stockholm Toy Museum** *(toymuseum.se; adultos/niños 175/115 SEK)*. Si se viaja con niños, es una opción excelente. Las instalaciones cuentan con miles de juguetes de todo el mundo y, aunque no todos son especialmente suecos, despertarán la nostalgia en adultos de cualquier lugar. Lo mejor, en cualquier caso, son los eventos especiales que se celebran en verano, con actividades interactivas para niños y adultos. Si se va con poco tiempo quizá no sea indispensable, pero si se busca un lugar peculiar para pasar un par de horas y una cafetería con unas increíbles vistas a la bahía, vale la pena.

Almuerzo con vistas

MUSEO

PLANO: 13 P. 68 **E4**

Djurgården ha sido la residencia de algunas de las personas más ricas de Estocolmo durante mucho tiempo, por eso es fácil encontrar en la isla casas señoriales convertidas en museos o que aún son residencias privadas. Un pequeño paseo por sus calles debe incluir Thielska Galleriet, Villa Lusthulsporten y **Prins Eugens Waldemarsudde** *(waldemarsudde.se; adultos/niños 170 SEK/gratis)*. Este último se conoce como el museo más bonito de Estocolmo por sus maravillosos interiores e increíbles jardines. Pero su verdadero secreto es el restaurante con vistas al agua y con un fantástico menú. En verano puede ser difícil conseguir mesa, puesto que el ferri de la isla para cerca.

CALZADO CÓMODO

Djurgården es una isla relativamente grande y sus caminos no son siempre fáciles. Algunos son peatonales o solo para bicicletas, con lo cual no siempre se encuentran fácilmente. Es más probable perderse en el lado este de la isla que en el oeste, porque hay más vegetación y menos señalización. Si se tiene poco tiempo, lo mejor es limitarse al perímetro, lo cual implicará una mezcla de carreteras asfaltadas y caminos de tierra, pero lleva de vuelta a la Blå Porten.

SUGERENCIAS

Lo mejor para...

€ Económico €€ Medio €€€ Alto

Localizaciones en el plano de la p. 68

Comer

'Fika' y dulces

Blå Porten Café €€
14 C3
Encantador café con un bonito jardín y opciones vegetarianas. *blaporten.com; 11.00-20.00 mi y vi-lu, hasta 21.00 ma y ju*

Skroten Cafe €€
15 C3
Excelente comida en un entorno rústico con mesas y muebles desparejados. Siempre lleno, y con razón. *skrotens.se; 11.00-16.00 lu-vi, hasta 17.00 sa y do*

Café Petissan €€
16 C2
Genuino *fika* sueco servido en una auténtica casa del s. XVIII. *cafepetissan.com; 11.00-15.00 lu-vi, hasta 16.00 sa y lu*

Restaurantes galardonados

Lilla Hasslebacken €€
17 C3
Una cafetería pintoresca y con encanto y gran variedad de opciones suecas. *lillahasselbacken.se; 10.00-15.00*

Rosendals Trädgårdskafe €€
18 E2
Menú ecológico directamente del campo con una fantástica panadería muy cerca. Huele a pan y a felicidad. *rosendalstradgard.se/tradgardskafe; 10.00-16.00*

Aira €€€
19 F4
Sus menús de degustación premiados y sus increíbles vistas hacen que valga la pena llegar hasta aquí. Hay que reservar con antelación porque se llena. *aira.se; 18.00-23.00 lu y mi, desde 12.00 ju-sa*

Beber

Cócteles y bares

Spritmuseum
véase 9 C2
Es un museo, pero su personal hace cócteles increíbles y organiza degustaciones. *spiritmuseum.se; 11.00-19.00 do-ma, hasta 22.00 mi-sa*

Hotel Hasselbacken
20 C2
Bar de hotel con un extenso horario de apertura, ideal para relajarse después de hacer turismo. *hasselbacken.com; 11.30-24.00 lu-vi*

Djurgårdsbron
21 B1
Música en directo y algo de beber en los confines de la isla, popular entre lugareños y los turistas. *sjocafeet.se; 9.00-19.00, hasta el anochecer en verano*

DOTMILLER1986/SHUTTERSTOCK ©

Comprar

De compras en el museo

Skansen

22 C3

La tienda del Skansen es un lugar excelente para conseguir recuerdos hechos a mano. Han creado su propia línea de *souvenirs* y artículos para el hogar. *skansen.se; horario variable*

ABBA: The Museum

véase 4 C3

En la tienda del museo se puede encontrar toda la parafernalia en torno al grupo, como réplicas de trajes emblemáticos (foto). *abbathemuseum.com; 10.00-18.00 vi-mi, hasta 20.00 ju*

Junibacken

véase 7 B1

La mayor librería de Estocolmo tiene una gran selección de obras y juegos en inglés. *junibacken.se; 10.00-17.00 do-vi, desde 9.00 sa*

Sugerencias de lugares para comer, beber y comprar en **p. 99**

Explora Södermalm

Conocido localmente como "Soder", Södermalm alberga algunos de los barrios más de moda de la ciudad. Aunque históricamente era un barrio de clase trabajadora, se ha aburguesado y ahora es un tranquilo vecindario de clase media con el clásico ambiente con clase por el que es conocido el país. Aquí hay tiendas de moda y diseño independientes, locales *vintage*, cafeterías, bares y salas de conciertos. Sea cual sea el presupuesto del visitante, siempre se pueden encontrar clásicos suecos o nuevas tendencias que arrasan en todo el mundo. Södermalm también alberga algunas de las zonas al aire libre más emblemáticas de la ciudad, como parques, playas urbanas y miradores. Es un lugar fantástico para relajarse y comprar recuerdos o para experimentar la vida local lejos de las muchedumbres.

Cómo desplazarse

Autobús

Slussen es la principal parada del sur de Estocolmo y se puede ir desde ella a muchos de los puntos de interés, aunque eso implica subir por escaleras y colinas. Para usuarios en silla de ruedas, puede ser preferible conectar con otros autobuses desde allí.

Tranvía

La estación de Sodra está en pleno centro de Södermalm y se puede ir andando desde ella a la estación de Mariatorget.

Ferri

Hay ferris a otras zonas de Estocolmo y al archipiélago que conectan con Slussen periódicamente. Las tarjetas SL son válidas para viajes dentro de Estocolmo central.

Södermalm.
ALIAKSANDR/ADOBE STOCK ©

★

LO MEJOR

MIRADOR
Monteliusvägen (p. 93)

PLAYA URBANA
Tanto Strandbad (p. 93)

MUSEO
Fotografiska (p. 90)

RESTAURANTE SUECO
Pelikan (p. 96)

COMPRAS DE SEGUNDA MANO
Judits (p. 99)

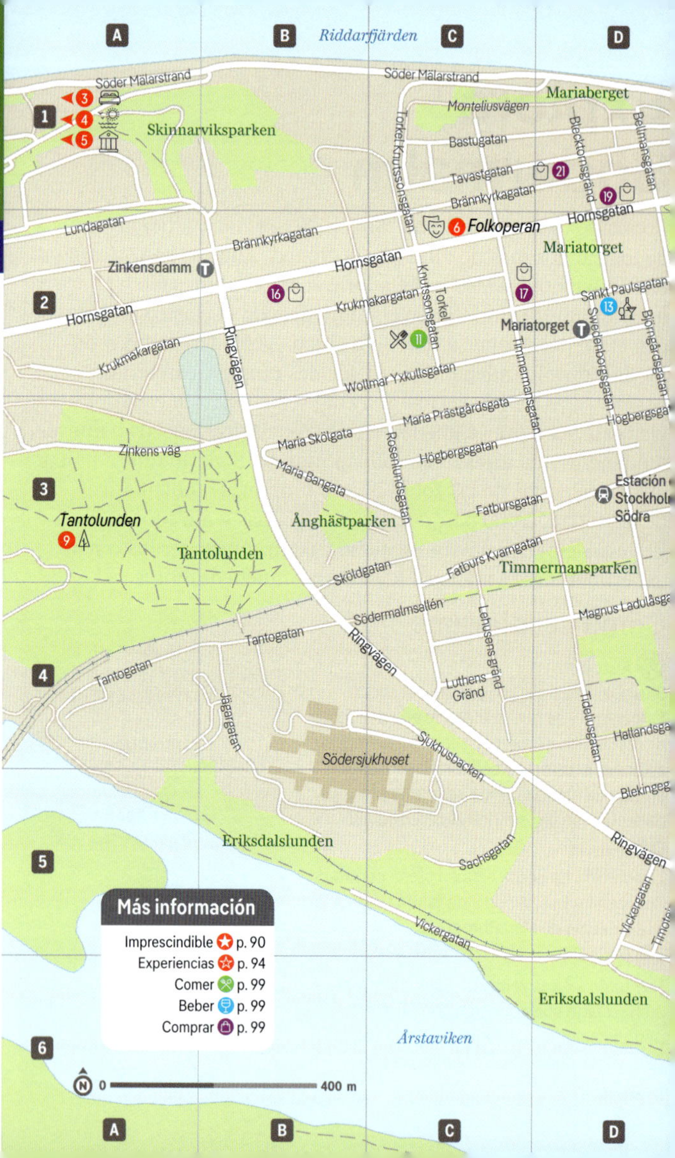
A
B
C
D
1
2
3
4
5
6
Riddarfjärden
Söder Mälarstrand
Skinnarviksparken
Monteliusvägen
Mariaberget
Bastugatan
Tavastgatan
Brännkyrkagatan
Bellmansgatan
Blecktornsgränd
Torkel Knutssonsgatan
Lundagatan
Zinkensdamm
Hornsgatan
Folkoperan
Mariatorget
Krukmakargatan
Sankt Paulsgatan
Swedenborgsgatan
Björngårdsgatan
Ringvägen
Timmermansgatan
Wollmar Yxkullsgatan
Maria Prästgårdsgata
Högbergsgatan
Maria Skölgata
Maria Bangata
Zinkens väg
Rosenlundsgatan
Estación Stockholm Södra
Tantolunden
Ånghästparken
Fatbursgatan
Fatburs Kvarngatan
Timmermansparken
Sköldgatan
Södermalmsallén
Magnus Ladulåsgatan
Lehusens gränd
Tantogatan
Luthens Gränd
Jägargatan
Tideliusgatan
Hallandsgatan
Sjukhusbacken
Södersjukhuset
Blekingegatan
Eriksdalslunden
Sachsgatan
Vickergatan
Vickergatan
Årstaviken
Más información
Imprescindible p. 90
Experiencias p. 94
Comer p. 99
Beber p. 99
Comprar p. 99
0
400 m
N

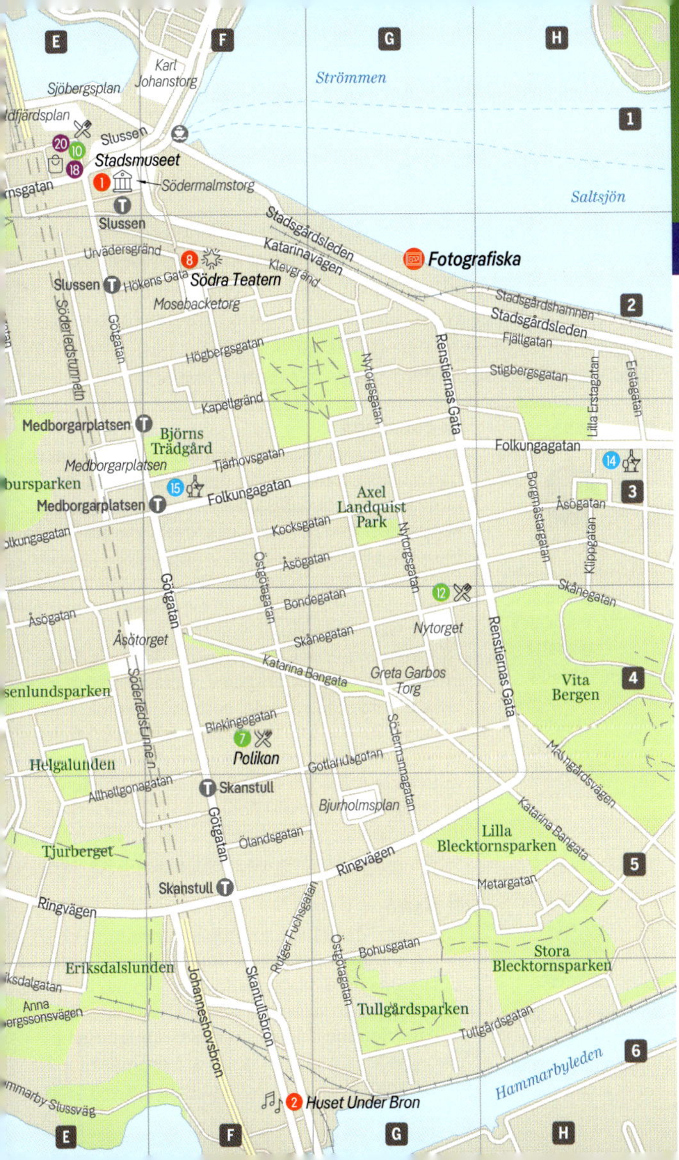
E
F
G
H
1
2
3
4
5
6
Strömmen
Saltsjön
Karl Johanstorg
Sjöbergsplan
Slussen
Stadsmuseet
Södermalmstorg
Slussen
Urvädersgränd
Södra Teatern
Hökens Gata
Mosebacketorg
Stadsgårdsleden
Katarinavägen
Klevgränd
Fotografiska
Stadsgårdshamnen
Stadsgårdsleden
Fjällgatan
Stigbergsgatan
Högbergsgatan
Kapellgränd
Nytorgsgatan
Renstiernas Gata
Lilla Erstagatan
Erstagatan
Götgatan
Söderledstunneln
Medborgarplatsen
Björns Trädgård
Medborgarplatsen
Tjärhovsgatan
Folkungagatan
Folkungagatan
Medborgarplatsen
Axel Landquist Park
Kocksgatan
Åsögatan
Borgmästargatan
Åsögatan
Klippgatan
Östgötagatan
Bondegatan
Nytorgsgatan
Skånegatan
Skånegatan
Nytorget
Åsögatan
Åsötorget
Götgatan
Katarina Bangata
Greta Garbos Torg
Vita Bergen
Blekingegatan
Polikon
Södermannagatan
Helgalunden
Gotlandsgatan
Allhelgonagatan
Skanstull
Bjurholmsplan
Katarina Bangata
Lilla Blecktornsparken
Tjurberget
Ölandsgatan
Götgatan
Ringvägen
Metargatan
Skanstull
Ringvägen
Rutger Fuchsgatan
Bohusgatan
Stora Blecktornsparken
Eriksdalslunden
Johanneshovsbron
Skanstullsbron
Östgötagatan
Tullgårdsparken
Anna
Tullgårdsgatan
Hammarbyleden
Huset Under Bron

★ IMPRESCINDIBLE

Fotografiska

Uno de los mayores museos del mundo dedicados exclusivamente a la fotografía, el **Fotografiska** presenta su propia colección junto con una muestra temporal de artistas internacionales de renombre. Incluso para aquellos que no son muy amantes de la fotografía, es un buen lugar para tomar algo al atardecer disfrutando de unas excelentes vistas.

PLANO: P. 89 **G2**

CONSEJO
Los restaurantes del museo son muy populares y son parte importante del itinerario; conviene reservar con antelación.

La colección

Si se busca una visita tranquila a un museo, las fantásticas exposiciones e instalaciones del Fotografiska son una delicia. Este museo contemporáneo perfectamente comisariado está dedicado a la fotografía en el más amplio sentido de la palabra. Contiene colecciones de artistas de renombre internacional. También tiene una exposición permanente que va cambiando.

A menos que se sea un experto, la visita dura unas horas, no más. Después se puede disfrutar de la excelente ubicación del edificio. El Fotografiska se encuentra en uno de los mejores emplazamientos de Estocolmo, en un almacén de aduanas renovado en la orilla norte de Södermalm. El edificio de ladrillo rojo fue diseñado por el arquitecto Ferdinand Boberg y se completó en 1906. Tiene unas vistas incomparables del estrecho entre las islas.

Escanea este código QR para reservar la entrada y ahorrar.

El bistró

En la entrada del Fotografiska se encuentra el bistró, un lugar para cenas informales con vistas al agua y una comida exquisita muy popular entre los vecinos, que se acercan a tomar algo después del trabajo. Son más bien tentempiés, aunque generosos, pero es un lugar ideal para terminar un día de turismo. Si se quiere cenar, lo mejor es reservar

RADIOKAFKA/SHUTTERSTOCK ©

antes de entrar al museo (a veces hay que esperar un buen rato a que se libere una mesa).

El restaurante

El restaurante de la azotea del Fotografiska fue renovado a fondo en el 2024 y ha obtenido muy buenas críticas desde su reapertura. El menú se inspira en la cocina local, pero sus propuestas son realmente originales (experimentales y de temporada y con el foco puesto en el medio ambiente y la sostenibilidad). Además, se puede comer disfrutando de unas memorables vistas de Gamla Stan y Djurgården. Se trata de un menú fijo con recomendaciones de maridaje. La cuenta incluye la entrada a las exposiciones del museo. Los fines de semana tienen un excelente *brunch* con dulces. Hay que reservar con antelación; se llena rápidamente.

CIRCUITO A PIE

Södermalm

Södermalm es ante todo una zona residencial. La mayoría de sus puntos de interés se concentran en la parte norte de la isla. Caminar entre el Fotografiska y el Tantolunden ayuda a orientarse y a identificar los puntos clave. Puede ser un poco exigente, así que se recomienda calzado cómodo y tomárselo con calma.

INICIO	FINAL	DURACIÓN
Fotografiska	Tanto Strandbad	6 km; 2-3 h

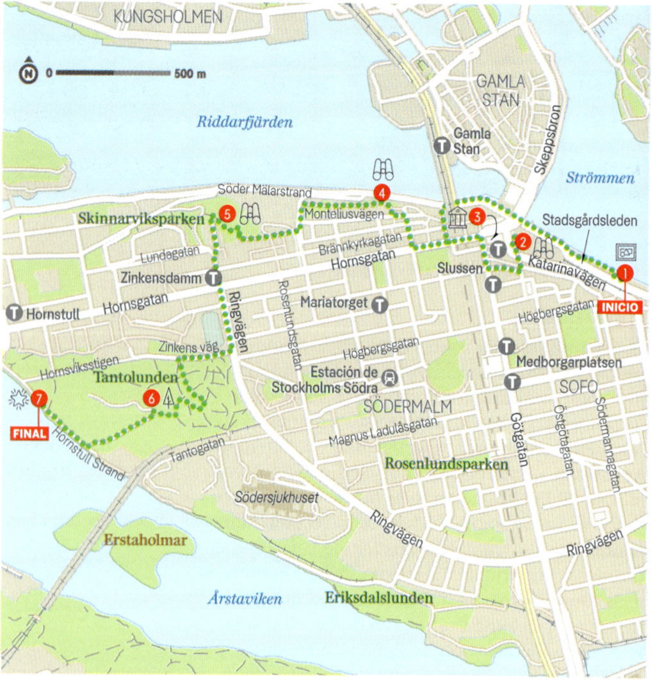

1 Fotografiska

Más allá de la colección del museo, el edificio del **Fotografiska** (p. 90) es de gran relevancia arquitectónica.

2 Katerinahissen

Hay que caminar hacia Slussen y la salida Gondolen de la estación del *tunnelbana* (metro) para tomar el ascensor de **Katarinahissen,** que no estará operativo mientras duren las obras del nuevo Slussen (p. 97), pero, si se puede con las escaleras, se recomienda subir hasta arriba para disfrutar de vistas panorámicas de la ciudad.

3 Stadsmuseet

A 5 min a pie de Katarinahissen, en Rysgården, está el **Stadsmuseet** (p. 94), un museo gratuito sobre la historia de la ciudad. No es fácil ir de un punto a otro porque el trayecto implica una bajada complicada. Lo más sencillo es volver andando hacia Götgatan.

4 Mariaberget

A la vuelta de la esquina se encuentra Hornsgatan, la calle de las tiendas de segunda mano de Södermalm y sede de muchos otros comercios y restaurantes. En el cruce con Bellmansgatan está la carretera a **Mariaberget,** una colina con sorprendentes vistas de Kungsholmen y el Stadshuset (ayuntamiento). **Monteliusvägen,** la pasarela que recorre el parque, ofrece las mejores vistas de Kungsholmen.

5 Skinnarviksberget

Dejando el lago Mälaren a la derecha y Slussen a la espalda, por cualquiera de las calles principales se llega a **Skinnarviksberget,** otra colina emblemática, uno de los puntos más elevados de Estocolmo.

6 Tantolunden

Se puede pasear tranquilamente hasta Honsgatan y dejar Slussen detrás y el lago Mälaren a la derecha en dirección a la orilla de la isla. A la izquierda, un poco por debajo del gran intercambiador se encuentra la entrada al **Tantolunden** (p. 97), el mayor parque de Södermalm.

7 Tanto Strandbad

En verano, la orilla del Tantolunden se convierte en uno de los puntos más populares de Estocolmo, con gente que disfruta de los días soleados. No es una playa propiamente dicha, porque no tiene arena, pero Tanto Strandbad ofrece mucho sol, algo que se agradece en los largos días de verano.

EXPERIENCIAS

Adentrarse en el pasado de la ciudad

MUSEO

PLANO: 1 P. 88 E1

El **Stadsmuseet** *(stadsmuseet.stockholm)* acoge una dinámica colección que documenta la historia de la ciudad a través de experiencias de personas reales que han vivido o trabajado en ella. El museo se encuentra en un edificio de 1680 diseñado por Nicodemus Tessin el Viejo, uno de los arquitectos más importantes de Suecia. Sus vitrinas son interesantes y muy creativas y muchas, interactivas. Gente de todas las edades puede participar con sus disfraces y juegos. También hay una serie de eventos disponible en inglés que permite a los visitantes participar. Lo mejor es que todo es gratis. Si se visita Estocolmo con poco presupuesto, es una fantástica forma de obtener una buena ración de cultura e historia sin arruinarse.

El museo ofrece mapas temáticos de la ciudad basados en libros y películas para hacer una visita autoguiada según los intereses.

De fiesta con los lugareños

LOCAL DE OCIO

PLANO: 2 P. 88 F6

A veces solo apetece pasarlo bien y, para eso, **Huset Under Bron** *(husetunderbron.se)* es un complejo de ocio ideal, sito bajo el puente Skanstull, en Södermalm. Los viernes y sábados se puede bailar toda la noche en algunos de sus bares y clubes, como el Red Room (que en realidad es rosa), y toda la semana, disfrutar de la sabrosa cocina vegetariana de Växthuset (se recomienda pedir el menú de siete platos, pues sus propuestas más creativas son pequeñas). Entre mayo y septiembre todo se transforma en una gran fiesta en el exterior. Este popular y lúdico club tiene de todo, desde mesas de pimpón hasta videojuegos y comida, música en directo y DJ.

Puro teatro

FESTIVAL

PLANO: 3 P. 88 A1

Reimersholmen es una pequeña isla tan unida a Södermalm que es posible no darse cuenta de su carácter insular. Aunque es mayormente residencial, vale la pena conocerla porque alberga uno de los festivales más divertidos de Estocolmo, el **Stockholm Fringe Festival** *(stockholmfringe.com)*. Inspirado en el Edinburgh Fringe Festival y celebrado a finales de agosto, ofrece obras de teatro y espectáculos de comedia. El Hotel Reimersholme funciona también como sala de conciertos con diferentes actividades como pimpón y un *beergarden* en el exterior. En verano es un lugar fantástico para conocer gente y tomar algo junto a los lugareños.

Vida isleña PLAYA

PLANO: 4 P. 88 A1

En Estocolmo hay dos pequeñas islas conectadas a Södermalm por puentes: **Långholmen** y **Reimmersholmen.** La primera es tremendamente popular entre los lugareños para ir de pícnic, hacer caminatas o darse un baño después del trabajo. Hay dos opciones para esto último. Primero está Långholmsbadet, con sus aguas tranquilas y frescas y sus bonitas vistas. La zona de baño es pequeña, pero resulta suficiente para refrescarse. La segunda opción es Långholmens Klippbad, más grande pero sin instalaciones públicas. Si no se está cómodo cambiándose a la vista de todos, dispone de un vestidor de pago.

Remar por las islas KAYAK

Hay gente que no para, incluso de vacaciones, y el kayak puede ser una buena actividad para los más activos. Se pueden alquilar en **Långholmen Kayak** *(langholmenkajak.se/)* para dar un paseo alrededor de la isla o bien hacer una excursión guiada por un miembro del equipo. El circuito no es muy largo, pero es muy agradable y completamente accesible para principiantes tras una pequeña introducción.

Grandes éxitos del pasado MUSEO

PLANO: 5 P. 88 A1

Långholmen es un lugar fantástico para imaginarse cómo era Estocolmo en el pasado. Un buen sitio para ello es el pequeño **Långholmen Prison Museum** *(langholmen.com/en/experience/prison-museum)*, en el Hotel Långholmen, con una cafetería donde tomarse un café o leer al final de un largo día de turismo. También es posible alojarse en él si se busca un lugar tranquilo y un poco alejado. Hasta 1825, momento en que pasó a ser la cárcel principal de la ciudad, Långholmen había sido una prisión para mujeres. En 1989 permitió el libre acceso a la

EVENTOS Y ALOJAMIENTO

Debido a su proximidad con Gamla Stan y a sus lugares de ocio, por no mencionar el encanto tranquilo de la isla en sí, alquilar una casa en Södermalm ya no es una alternativa barata al hotel. Hay muchas actividades cerca de Södermalm o en Trädgården, pero los mayores conciertos y eventos se celebran en los grandes estadios como el Avicii Arena o el Strawberry Arena. Por desgracia, Södermalm ya no es barato, así que, si se llega por un evento en concreto, es preferible alojarse en barrios más periféricos como Ulriksdal y Solna, bien conectados con transporte público. Además, siempre se puede disfrutar de un desayuno en el hotel.

isla para jugar al fútbol, montar en kayak o ir de pícnic. Hoy presenta un pintoresco eclecticismo, con sus edificios antiguos y sus instalaciones deportivas. Merece la pena dedicar 30 min a pasear por la isla para empaparse del ambiente de la antigua Estocolmo.

Folkoperan SALA DE CONCIERTOS

PLANO: 6 P. 88 **C2**

¡La ópera del pueblo! Ese es el grito de guerra de la **Folkoperan** *(folkoperan.se)*, un antídoto contra la estirada formalidad habitual en otros teatros de su tipo que aspira a hacer accesible este arte único a todo el mundo. Lo bueno es que en la ópera la mayoría de los aficionados casi nunca entiende el idioma de la actuación, así que aunque no se hable sueco, si se tiene curiosidad por el género, no hay problema en pasarse por Folkoperan para vivir la experiencia. Conviene leer la descripción de la obra con antelación, ya que algunas representaciones pueden ser un poco subidas de tono para niños.

Comidas de antaño COMER

PLANO: 7 P. 88 **F4**

Si se quieren probar auténticas albóndigas suecas, más allá de las de IKEA, hay que ir a **Pelikan** *(pelikan.se)*, un restaurante que lleva 100 años en el mismo sitio. De hecho, es algo más que un restaurante, es casi un monumento a una Suecia ya desaparecida y uno de los mejores lugares de Estocolmo para probar comida tradicional sueca. El gran salón lleva un siglo sirviendo filetes de venado y cervezas locales a sus comensales. La carta actual tiene más opciones y es sobre todo rica en bebidas, lo que lo convierte en un buen lugar para beber algo. Tiene algunas opciones veganas, pero sin duda es un sitio para carnívoros. Se recomienda reservar para cenar.

CIUDAD DE FESTIVALES

A la gente de Estocolmo le encantan los festivales, y llegan visitantes de todo el país y otros lugares –Europa y hasta Norteamérica– que acuden para disfrutarlos, porque siempre hay buen alojamiento y transporte público. Las bibliotecas, museos y galerías de la ciudad abren hasta la noche y no cobran entrada durante el Kulturnatt Stockholm *(kulturnattstockholm.se)*. En el Stockholm Jazz Festival *(stockholmjazz.se)* se puede disfrutar de los artistas suecos más recientes y de nombres internacionales. En el Stockholm Design Week *(stockholmdesignweek.se)* se pueden conocer las tendencias del diseño escandinavo. Y el Ötillö Swimrun *(otilloswimrun.com)* es un popular duatlón de resistencia que recorre parte de la ciudad y el archipiélago.

LA SEDE DEL POP

Desde el mismo momento en que ABBA salió al escenario de Eurovisión en 1974, la música pop ha sido una de las exportaciones más famosas de Suecia. Algunos nombres famosos incluyen el grupo de los años noventa Ace of Base, el icono *dance* Robyn y la leyenda del EDM Avicii. Los compositores suecos tienen una gran influencia y están detrás de grandes éxitos de superestrellas como Rihanna y One Direction. Las letras no siempre tienen sentido, pero son pegadizas e invitan a bailar. Puede que eso sea lo más importante.

¡Vámonos de fiesta! — OCIO

PLANO: 8 P. 88 **F2**

Suecia es conocida por sus discotecas, de donde han salido algunos de los DJ y artistas más famosos. En Södermalm hay dos opciones: ir por cuenta propia y tratar de encontrar recomendaciones de la gente que se vaya conociendo o dirigirse a **Södra Teatern** *(sodrateatern.com)* un viernes o un sábado para vivir una de sus famosas noches en un edificio dedicado al ocio desde 1859. Si se prefiere esta opción, hasta se podrá decir que ha sido una experiencia cultural y no solo una noche de fiesta. Y si no se es muy fan de las discotecas, se puede tomar algo tranquilamente en una de sus terrazas de verano.

Tantolunden — PARQUE

PLANO: 9 P. 88 **A3**

Los días de invierno en Estocolmo son largos y a menudo lluviosos, así que se puede entender que, cuando sale el sol en verano, sus habitantes se agolpen en los espacios verdes de la ciudad para disfrutar del buen tiempo. El **Tantolunden** es el parque más grande de Södermalm y en verano parece un festival. Su gimnasio al aire libre y las áreas de juegos para niños son enormes atracciones para los residentes y un lugar útil si el hotel no tiene gimnasio. También alberga algunos restaurantes. Para nadadores experimentados, es un lugar fenomenal, aunque sin socorristas. La zona de baño no es una playa (no tiene arena), pero sí mucho sol y caminar cerca del agua al atardecer es una experiencia fantástica. En invierno, sus suaves colinas son perfectas para divertirse en trineo.

El nuevo Slussen — PARQUE

Es difícil pasar por alto las obras de construcción en los límites de Södermalm. Este gran proyecto, que debería completarse en el 2025, pretende convertir el litoral entre Södermalm y Gamla Stan en un centro de transporte y punto de encuentro. **Slussen** debe su nombre a la esclusa que regula la corriente entre el mar Báltico y el lago Mälaren. Renovada por última vez en 1935, la esclusa se

CAMINANDO POR SÖDERMALM

No hay que dejarse engañar por los mapas: Södermalm es la mayor de las principales islas de Estocolmo y es un reto recorrerla entera a pie. Se recomienda hacerse con una tarjeta de transporte SL y usarla, especialmente si se quiere explorar el eje este-oeste de la isla.

ha modificado para cumplir con los estándares medioambientales y adaptarse a la subida del nivel del mar. También hay un nuevo puente entre Gamla Stan y Södermalm. La estación de autobús del nuevo Slussen se está edificando en el lecho rocoso de Katarina; cuando se termine, tendrá conexiones directas con el metro y los trenes de cercanías. El nuevo Katarina Park se encontrará frente al agua. La esclusa en sí es también una plaza con carriles bici y pasos peatonales entre las dos islas centrales de Estocolmo (ya está abierta). Se puede ir con un bocadillo y algo de beber para pasar un rato de relax.

Pícnic veraniego en Tantolunden (p. 97).

ALEXANDERSTOCK23/SHUTTERSTOCK ©

Localizaciones en el plano de la **p. 88**

Lo mejor para...

€ Económico €€ Medio €€€ Alto

Comer

Especialidades suecas

Pelikan €€
véase 7 F4
Comida casera clásica. Los platos de arenque están especialmente buenos. *pelikan.se; 11.30-1.00*

Blå Dorren €€
10 E1
Clásicos suecos perfectamente ejecutados bajo unos techos del s. XVII. *bla-dorren.se; 10.30-23.00 lu y ma, 13.00-24.00 mi y ju, 13.00-1.00 vi y sa, 13.00-23.00 do*

Cenas de lujo

Celeste €€€
11 C2
Conviene reservar para el menú fijo o para el menú de temporada del bar. *celesterestaurant.se; 17.00-1.00 ju-do*

Bar Agrikultur €€€
12 G4
Establecimiento galardonado especializado en productos suecos. *baragrikultur.com; 17.00-22.00 do-ju, hasta 23.00 vi y sa*

Beber

Vinos

Dryck Vinbar
13 D2
Bar de vinos con una amplia selección. *dryckvinbar.se; 16.00-23.00, ma-sa*

Brännerian Bar
14 H3
Un bar sostenible que elabora casi todas sus bebidas y mezclas. *brannerian.se; 17.00-23.00 mi-ju, hasta 24.00 vi y sa*

Cerveza

Södra Teatern
véase 8 F2
Un palacio cultural multifunción con una terraza con increíbles vistas de la ciudad y un club. *sodrateatern.com; horario variable*

Kvarnen
15 F3
Comida sueca tradicional y mucha cerveza. *kvarnen.com; 11.00-24.00 lu y ma, hasta 3.00 mi-vi, 11.30-3.00 sa, 11.30-23.00 do*

Comprar

Ropa de segunda mano

Judits
16 B2
judits.se; 11.00-18.00 lu-vi, 11.00-16.30 sa, 12.00-16.00 do

Humana
17 C2
humanasecondhand.se; 11.00-19.00 lu-vi; hasta 18.00 sa, 12.00-17.00 do

Artikel 2
18 E1
artikel2.se; 10.00-19.00 lu-vi, desde 11.00 sa, 12.00-18.00 do

Cerámica y artesanía

Kaolin
19 D1
kaolin.se; 11.00-18.00 ma-vi, hasta 16.00 sa, 12.00-16.00 do

Konsthantverkarna
20 E1
konsthantverkarna.se; 11.00-18.00 lu-vi; 11.00-16.00 sa

World of Craft
21 D1
aworldofcraft.se; 10.30.00-18.00 lu-vi, 11.00-17.00 sa, 12.00-16.00 do

Sugerencias de lugares para comer, beber y comprar en **p. 112**

Explora Östermalm

Östermalm es la versión más lujosa de Estocolmo. La bulliciosa Stureplan, famosa por la "Svampen" ("seta"), su peculiar refugio contra la lluvia, está rodeada de locales frecuentados por celebridades. Junto a la plaza se encuentra Birger Jarlsgatan, una auténtica pasarela de tiendas de alta costura. La zona alberga también excelentes museos y el teatro más ilustre de la ciudad, el Dramaten. El barrio de Ladugårdsgärdet cuenta con varios parques, todos ellos parte del Kungliga Nationalstadsparken, con museos e incontables vecinos corriendo, caminando o montando en bici. En Norra Djurgården se encuentra la Universidad de Estocolmo y el jardín botánico. Más al este, en la isla de Lindgö, está el Millesgården, el maravilloso jardín de esculturas, galería y antigua residencia del artista Carl Milles.

Cómo desplazarse

Autobús

Karlaplan es el punto más céntrico de Östermalm. El autobús n° 1 para a 5 min de Östermalms Saluhall.

Metro

El *tunnelbana* n° 13 va directamente de la T-Centraalen a Karlaplan. Hay que bajar en Östermalmstorg, a 3 min del Saluhall.

Tranvía

El n° 7 para cerca de los museos de Ladugårdsgärdet.

LO MEJOR

MUSEO
Historiska Museet (p. 104)

PARQUE
Ladugårdsgärdet (p. 108)

PEQUEÑO MUSEO
Millesgården (p. 111)

MARAVILLA ARQUITECTÓNICA
Östermalms Saluhall (p. 110)

COMIDA SUECA
Lisa Elmqvist (p. 112)

Östermalms Saluhall (p. 110).

A
B
C
D
1
2
3
4
5
6
Humlegården
Iversonsgatan
Birger Jarlsgatan
Engelbrektsgatan
Engelbrektsplan
Humlegårdsgatan
David Bagares Gata
Brunnsgatan
Biblioteksgatan
Kungsgatan
Stureplan
Cento comercial Sturegallerian
Lästmakargatan
Jakobsbergsgatan
Mäster Samuelsgatan
Norrlandsgatan
Smålandsgatan
Normalmstorg
Hamngatan
Berzelii Park
Nybroplan
Nybrohamnen
Kungsträdgården
Kungsträdgårdsgatan
Näckströmsgatan
Wahrendorffsgatan
Arsenalsgatan
Stallgatan
Nybroviken
Sturegatan
Karlavägen
Kommendörsgatan
Brahegatan
Linnégatan
Grev Turegatan
Östermalmstorg
Östermalms Saluhall
Hedv Eleono kyrk
Armémusuen
Sibyllegatan
Nybrogatan
Riddargatan
Styckjunkargatan
Dramatiska teatern
Kungliga Hovstallet
Väpnargatan
Artillerigatan
Strandvägen
0
200 m
1
2
4
5
6
7
8
9
10
11
13
14
15
16
17
18
19
20

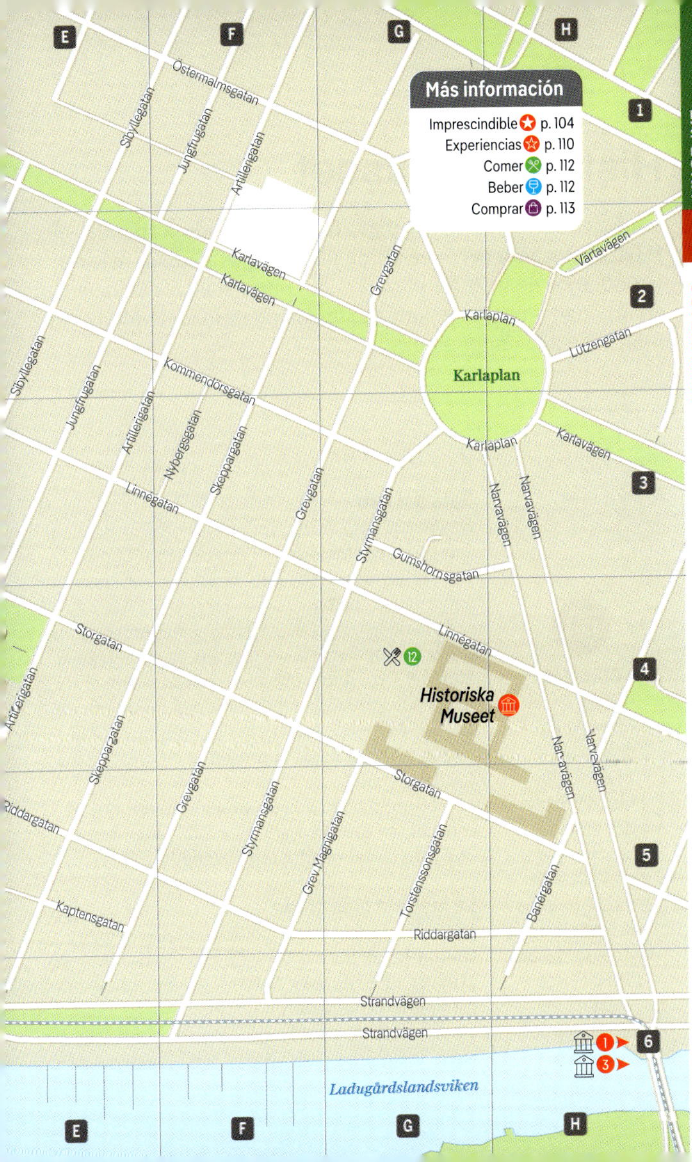
Más información
Imprescindible p. 104
Experiencias p. 110
Comer p. 112
Beber p. 112
Comprar p. 113
E
F
G
H
1
2
3
4
5
6
Östermalmsgatan
Sibyllegatan
Jungfrugatan
Artillerigatan
Karlavägen
Grevgatan
Värtavägen
Karlaplan
Lützengatan
Kommendörsgatan
Nybergsgatan
Skeppargatan
Linnégatan
Styrmansgatan
Narvavägen
Gumshornsgatan
Storgatan
12
Historiska Museet
Riddargatan
Grev Magnigatan
Torstenssonsgatan
Banérgatan
Kaptensgatan
Strandvägen
1
3
Ladugårdslandsviken

★ IMPRESCINDIBLE

Historiska Museet

¿Qué es Suecia? Tal es la pregunta que pretende responder el **Historiska Museet,** que reúne objetos que abarcan más de 10 000 años de historia plagados de conquistas, resistencia, creatividad y una constante búsqueda de unidad, con una parte final centrada en los sami.

PLANO: P. 103 **H4**

CONSEJO
El pase anual (450 SEK), disponible en el museo, es más barato que dos entradas sencillas para cualquiera de los siete museos de los Statens Historiska Museer (SHM; Museos Históricos Nacionales del Estado).

Sala del Oro

Guilder, dahab, bling. Todas las culturas que han estado en contacto con el oro tienen un apodo para referirse a este metal precioso. Los suecos no son una excepción.

Una de las salas más visitadas del museo y sin duda una de las más destacadas, la subterránea Sala del Oro, reúne objetos fabricados con el metal más codiciado del mundo desde el momento en que los europeos continentales emigraron a la región nórdica hasta el presente, algunos de los indígenas sami.

La iluminación y la decoración hacen que el espacio sea muy evocador; es fácil entender por qué este metal resulta tan fascinante.

La historia más cruda

Para ser un país con fama de remanso de paz y tranquilidad, Suecia tiene un pasado oscuro y sangriento. El Historiska Museet no se priva de contar esta parte de la historia; por ejemplo, las incursiones vikingas o los sangrientos enfrentamientos entre la nobleza para alzarse con el poder.

JONATHAN SMITH/SHUTTERSTOCK ©

Uno de esos episodios especialmente truculentos fue la batalla de Gotland, de 1361, a la que se le dedica una sala. En el enfrentamiento, los campesinos de la isla de Gotland lucharon contra las tropas invasoras danesas. Se estima que fueron masacradas unas 2000 personas en un solo día y aunque esto supuso la integración de Gotland al reino de Dinamarca, la isla volvió a manos suecas más adelante. En el s. XX los arqueólogos descubrieron varias fosas comunes a los pies de las antiguas murallas de Visby con esqueletos que aún llevaban sus armaduras. La exposición, aunque impactante, resulta fascinante.

Los fans de *Juego de tronos* disfrutarán de ella, aunque no hay que olvidar que se trata de hechos reales.

Escanea este código QR para más información sobre el pase anual y los SHM.

UNA PAUSA
El restaurante del museo sirve excelentes comidas y tiene menú infantil.

Historia medieval

Hoy en día es difícil creer que hubiera un tiempo en que el cristianismo estaba tan enraizado en la vida de la gente de Europa que era delito trabajar en días festivos. Suecia era uno de los países más religiosos de Europa. En las salas medievales se puede descubrir qué suponía vivir bajo esas reglas. Hay dos salas dedicadas a la vida medieval: una sobre el arte y otra sobre los objetos cotidianos; las dos valen la pena. Además, con el cierre del Museo Medieval mientras se le encuentra una nueva ubicación, parte de su colección está ahora en el Historiska Museet, enriqueciendo sus ya amplios fondos.

JOHN FREEMAN/ALAMY ©

BERK OZDEMIR/SHUTTERSTOCK ©

Museo de la Economía

La palabra "economía" suena sin parar en política y en las noticias, pero no mucha gente maneja sus fundamentos básicos. La entrada al Historiska Museet también incluye el Museo de la Economía, que se encuentra en el mismo complejo.

Además de monedas, billetes y otros objetos usados en el comercio, hay otras muestras fascinantes que ayudan a explicar cómo se articulan los diferentes aspectos de la economía. La visita no dura más de 1 h. Las actividades educativas a menudo van también dirigidas a niños.

FANTASMAS DE VIKINGOS PASADOS

Los vikingos son las estrellas del *rock* de la historia europea. De no ser así, no habría gente que viaja a Suecia, en particular a este museo, para aprender más sobre quiénes eran y cómo vivían.

CIRCUITO A PIE

Ladugårdsgärdet

Östermalm es un barrio tranquilo, ideal para ir de compras y pasear, pero cada fin de semana Ladugårdsgärdet ("el barrio del jardín") es tomado por gente que viene de toda la ciudad para recorrerlo de todas las formas posibles. Es una buena idea unirse a ellos.

INICIO	FINAL	DURACIÓN
Karlaplan	Hundudden	5 km; 1½-2 h

1 Un paseo florido
Karlaplan, una de las principales rotondas de Estocolmo, también es un pequeño parque con un sendero para caminar que sale desde ella. En verano, sus bancos rodeados de flores e insectos son un excelente lugar para sentarse con un bocadillo y mirar a la gente pasar.

2 Cruce histórico
Luego se toma Narvavägen en dirección al agua y se pasa por el puente **Djurgårdsbron,** que conecta Östermalm con Djurgården. El restaurante bajo el puente sirve excelente comida y bebida todo el año, y el puente en sí tiene excelentes vistas de la Blå Porten.

3 Un paseo por el parque
Llamado así por una casa que nunca se construyó, el **Nobelparken** es fantástico, aunque no especialmente espectacular, y tiene unas cuantas esculturas de animales para entretener a los niños. Es un buen lugar para tomarse un descanso con vistas al agua.

4 Un tributo al mar
Se puede disfrutar de un paseo junto al agua por unos minutos hasta llegar a la señal del Museiparken. El gran edificio a la izquierda es el **Sjöhistorika Museet** (Museo de Historia Marítima). Este imponente edificio contiene colecciones dedicadas a la tradición marina y a la historia militar de Suecia, con una interesante colección de barcos de diferentes épocas.

5 Técnicamente genial
En la misma zona del Sjöhistorika Museet se encuentra el **Tekniska Museet** (p. 110), otro excelente museo que vale la pena visitar. Celebra la tecnología en el más amplio sentido de la palabra. El museo y sus instalaciones interactivas harán las delicias de cualquier visitante curioso.

6 Muerte a lo viejo
Dejando el agua atrás, se sigue la carretera principal por **Djurgårdsbrunnsvägen** y se gira para volver hacia el litoral y al puente en desuso de Djurgårdsbrunnsbron, un pontón giratorio del s. XIX construido para la misma exposición que el edificio del Nordiska Museet.

7 Viva lo nuevo
Se continúa caminando junto al agua hasta llegar al pequeño y pintoresco puente peatonal conocido como **Lilla Sjötullsbron,** que conecta el barrio de Ladugårdsgärdet con la isla de Djurgården, con sus encantadoras vistas (perfectas para Instagram), en especial cuando la vegetación está en flor.

8 Con vistas al agua
Luego hay que seguir los caminos junto al agua hasta llegar al mirador de **Hundudden,** con unas increíbles vistas, especialmente al atardecer.

EXPERIENCIAS

El arte de la tecnología
MUSEO

PLANO: 1 P. 102 **H6**

Si un gran museo es aquel que deja al visitante con muchas preguntas y respuestas, el **Tekniska Museet** *(tekniskamuseet.se; entre semana/fines de semana 100/170 SEK menores de 7 años gratis)* sin duda lo es. Dedicado a la tecnología, provoca, inspira e ilumina a los visitantes de todas las edades, y es ideal para personas curiosas. Los *gamers* no pueden perderse la zona Play on Play, toda una planta dedicada a los videojuegos del pasado, el presente y el futuro, y que permite probar algunos que aún están en desarrollo. Es difícil decir cuánto tiempo dura la visita, pero vale la pena dedicarle medio día.

Comida celestial
GASTRONOMÍA

PLANO: 2 P. 102 **D3**

El **Östermalms Saluhall** es en teoría un mercado cubierto con puestos, pero, si lo que se busca es un *fish & chips* envuelto en papel de periódico, se aconseja ir a otro sitio. Este lugar tiene menús de tres platos a precio fijo de comida exquisita, lo que explica por qué lleva 130 años siendo un valor seguro en Östermalm. **Lisa Elmqvist** (p. 112) es popular entre los trabajadores de las oficinas cercanas para tomar algo después del trabajo. Los restaurantes abren hasta tarde, pero para comprar productos gastronómicos hay que llegar antes de las 19.00 entre semana y antes de las 17.00 los fines de semana. También tiene una arquitectura única que ha sido restaurada recientemente (visitas guiadas disponibles enviando un correo electrónico a lina@bielsten-company.se).

Cambios en curso
MUSEO

PLANO: 3 P. 102 **H6**

Enclavado en la zona de los museos de Ladugårdsgärdet se encuentra el **Etnografiska Museet** *(etnografiskamuseet.se; adultos/niños 150 SEK/gratis)*. Sobra decir que la etnografía es una disciplina controvertida, ya que hay quien cuestiona la idea de que los europeos viajen por el mundo, categoricen las culturas y las estudien. Por eso, este tipo de museos puede que no sean del gusto de todos. Pero este está al

NORRA DJURGÅRDEN

Östermalm es el mayor barrio de Suecia y es difícil recorrerlo a pie. Norra Djurgården hace referencia a las partes del norte de la orilla oriental del lago Brunnsviken e incluye la Universidad de Estocolmo y el jardín botánico. La mejor manera de recorrerlo en transporte público es dirigirse a la estación de Universitet con el *tunnelbana* o el autobús, o bien recorrer en bici los caminos que conectan las dos zonas. Un paseo por Brunnsviken es especialmente agradable en verano.

UNA ENTRADA, CUATRO MUSEOS

El Etnografiska Museet forma parte de una red de cuatro museos: Etnografiska Museet, Medelhavsmuseet y Östasiatiska Museet, en Estocolmo, y el Världskultur Museet en Gotemburgo (conocido como el Museo de las Culturas del Mundo). Una entrada sencilla a cualquiera de ellos cuesta 150 SEK, pero el pase anual de 250 SEK sirve para todos ellos y es válido durante un año.

tanto de la controversia y presenta la información más para interesarse por el otro que para acusarlo de ser extraño.

La naturaleza cobra vida MUSEO

A los aficionados a la biología les a encantará el **Naturhistoriska Riksmuseet** (PLANO: 4 P. 102 **A1**; *nrm.se; adultos/niños 160 SEK/gratis*), fundado por Carl von Linné, más conocido por su nombre latinizado, Carlos Linneo, "el padre de la taxonomía moderna". Fue quien dio nombre a los animales, plantas y demás seres vivos usando dos términos en latín que describieran la familia genética a la que el espécimen pertenece. Bajo la dirección de la Universidad de Estocolmo, el **Museo de Historia Natural** (PLANO: 5 P. 102 **A2**) continúa una tradición de aprendizaje y docencia que incluye algunas de las mejores exposiciones interactivas de la ciudad. Cosmonova es especialmente interesante para los más pequeños. Se trata de una proyección IMAX en una pantalla gigante que sumerge a los espectadores en el mundo de los asteroides o en las profundidades del océano. Se necesita una entrada específica (si se llevan auriculares se puede escuchar en inglés).

Un paseo por el jardín JARDÍN BOTÁNICO

En el norte de Norra Djurgården se halla el más antiguo jardín botánico de Suecia, el **Bergianska Trädgården** (PLANO: 6 P. 102 **A2**; jardín botánico Bergius). Tiene espacios dedicados a los subsistemas suecos, así como terrazas y estanques de estilo italiano y japonés y colecciones de otras partes del mundo, y resulta bastante agradable todo el año. Lleva el nombre de los hermanos Bergius, Peter y Bengt, dos científicos suecos del s. XVIII.

Un monumento al amor MUSEO

PLANO: 7 P. 102 **C1**

Sobre el puente de la isla de Lidingö se encuentra el **Millesgården** (*millesgarden.se; adultos/niños 170 SEK/gratis*), un curioso pero fascinante museo que es tanto un homenaje a un matrimonio como al poder del arte para convertir los espacios más insignificantes en lugares de interés. Carl y Olga Milles reunieron muchos de los detalles de este museo. Hay que dedicar un tiempo al jardín de las esculturas, inspirado en culturas arquitectónicas de toda Europa y con excelentes vistas a la ciudad. También tiene una fantástica cafetería.

SUGERENCIAS

Lo mejor para...

€ Económico €€ Medio €€€ Alto

Localizaciones en el plano de la **p. 102**

Comer

Marisco

Sturehof €€
8 B3
Genial para una cena tardía, esta acogedora *brasserie* sirve fabulosos platos de marisco con vistas a Stureplan. *sturehof.com; 11.30-2.00 lu-sa, desde 12.00 do*

Lisa Elmqvist €€
9 D3
Tan popular entre los residentes que no hay duda de que es un buen sitio; está en el Östermalms Saluhall. *lisaelmqvist.se; 9.30-19.00 lu-vi, hasta 17.00 sa*

'Fika'

Millesgården Lanthandel €€
10 C1
En el recinto del Millesgården, sirve un excelente té con pastas. *millesgardenlanthandel.se; 11.00-17.00 ma-do*

Café Saturnus €€
11 C1
Menú de inspiración francesa con excelentes dulces y comidas completas. *cafesaturnus.se; 8.00-19.00 lu-vi, desde 9.00 sa y do*

Cena sostenible

Restaurang Oxenstiernan €€
12 G4
Gastronomía sostenible en una joya cercana al parque Östermalm. En verano, se puede cenar bajo los árboles al aire libre. *oxenstiernan.se; 17.00-22.00 ma-sa*

Konstnärsbaren €€€
13 C5
Un clásico de Östermalm de 1931, de ambiente bohemio, especialmente por su bar lleno de murales. *konstnarsbaren.se; 11.30-23.00 lu y ma, hasta 24.00 mi-vi, 12.00-24.00 sa*

Beber

Locales de categoría

Lucy's Flower Shop
14 B3
No es una floristería, sino un sótano de cuidadas luces tapizado de terciopelo que sirve cócteles creativos. Se recomienda reservar. *lucysstockholm.se; 17.00-1.00 ma-do*

Bar Called Gemma
15 C3
Bar de moda que hace todo lo posible por mostrarse desenfadado. Tiene bebidas excelentes y noches temáticas; está en la lista de los 50 mejores bares del mundo. *abarcalledgemma.se; 15.00-0.30 lu-sa*

Teatergrillen
16 C4
Otro lugar popular entre las *celebrities* suecas, con decoración inspirada en el cercano teatro. Hay que ponerse unos vaqueros bonitos. *teatergrillen.se; 11.30-23.00 lu y ma, hasta 24.00 mi y ju, hasta 1.00 vi y sa*

MIKAEL DAMKIER/SHUTTERSTOCK ©

Stjärtilleriet

17 D4

Cócteles experimentales y una irregularidad refrescante en una parte de la ciudad que a veces se toma demasiado en serio a sí misma. *stjartilleriet.se; 17.00-24.00 ma-ju, 16.00-1.00 vi y sa*

Clubes

Spy Bar

18 B3

El más famoso club nocturno de Estocolmo, que atrae a la flor y nata de la ciudad. Largas colas. *stureplansgruppen.se/nightlife/spy-bar; 23.00-5.00 ma-sa*

Lilla Baren at Riche

19 C5

Un favorito entre los amantes de la moda de Östermalm. Combina un agradable personal, fabulosos DJ y una clientela experta en moda. *riche.se/lilla-baren, 11.30-15.00 lu-hasta 24.00 ma, hasta 2.00 mi-sa*

Comprar

Gastronomía y recuerdos

Östermalms Saluhall

véase 2 D3

Productos gastronómicos de lujo de toda Suecia, como caviar y pescado de temporada (foto). *ostermalmshallen.se; 9.30-19.00 lu-vi, hasta 17.00 sa*

Svenskt Tenn

20 D5

Artículos del hogar y muebles fabricados en Suecia, incluida una impresionante gama de decoración y *souvenirs*. *svenskttenn.com; 10.00-18.00 lu-vi, hasta 17.00 sa, 11.00-16.00 do*

Sugerencias de lugares para comer, beber y comprar en **p. 126**

Explora Kungsholmen

Esta zona ha cambiado mucho desde que en el s. XIX recibiera el nombre de "la isla del hambre", cuando estaba plagada de fábricas decadentes, pobreza y enfermedades. Hoy, todo se ha gentrificado. El gran último éxito arquitectónico, el Stadshuset (ayuntamiento), domina el extremo este de la isla. Desde ahí, Kungsholmen se despliega entre oficinas y residencias hasta llegar a los barrios residenciales del lado occidental. La playa de Smedsuddsbadet se llena de gente tomando el sol en verano y es un buen sitio para darse un baño, mientras que el Rålambshovsparken es ideal para hacer un pícnic, tomar el sol o pasear.

Cómo desplazarse

Metro

La Centralstationen y la estación de *tunnelbana* de T-Centralen están muy cerca del Stadhuset. La isla en sí es un poco más grande de lo que parece en el mapa, así que se puede tomar el *tunnelbana* hasta el Rådhuset para recorrerla y ver así su interesante estación o bien hasta Kristineberg para los puntos de interés del oeste.

A pie

Los principales puntos de interés de Kungsholmen se encuentran a una distancia abarcable a pie desde Gamla Stan. Casi todos los parques están conectados por caminos peatonales o carriles bici que bordean el agua.

Stadshuset (p. 117).
ANETTE ANDERSEN/SHUTTERSTOCK ©

★

LO MEJOR

MARAVILLA ARQUITECTÓNICA
Stadshuset (p. 117)

PLAYA URBANA
Smedsuddsbadet (p. 123)

PARQUE
Rålambshovsparken (p. 122)

CAFÉ PEQUEÑO
Café Portiken (p. 126)

CENA SOSTENIBLE
Lux Dag för Dag (p. 124)

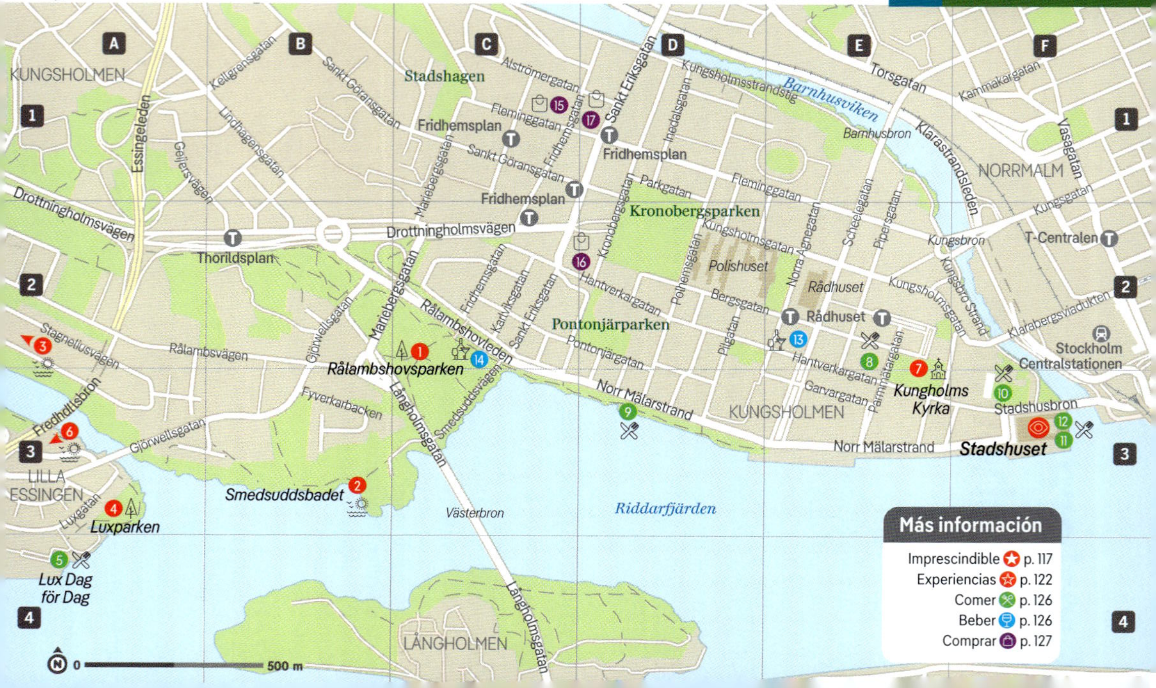
Más información
Imprescindible p. 117
Experiencias p. 122
Comer p. 126
Beber p. 126
Comprar p. 127
Stadshuset
Kungholms Kyrka
Rålambshovsparken
Smedsuddsbadet
Luxparken
Lux Dag för Dag
Kronobergsparken
Pontonjärparken
Stadshagen
Polishuset
Rådhuset
Stockholm Centralstationen
T-Centralen
Fridhemsplan
Thorildsplan
KUNGSHOLMEN
NORRMALM
LILLA ESSINGEN
LÅNGHOLMEN
Riddarfjärden
Barnhusviken
Västerbron
Drottningholmsvägen
Norr Mälarstrand
Hantverkargatan
Sankt Eriksgatan
Fleminggatan
Kungsholmsgatan
Långholmsgatan
Essingeleden
Torsgatan
Klarastrandsleden
Vasagatan
Kungsgatan
Kungsbron
Stadshusbron
Fredhällsbron
0 500 m

★ IMPRESCINDIBLE

Stadshuset

La sede del gobierno municipal de Estocolmo no podía ser más impresionante. A diferencia de otras ciudades, donde los ayuntamientos son austeros, de estilo brutalista o bien neoclásicos, el **Stadshuset** de Estocolmo es un sorprendente edificio de ladrillo rojo construido en un estilo inconfundiblemente sueco. Es impresionante, incluso antes de descubrir su interior.

PLANO: P. 116 **F3**

Arquitectura singular

Caminando desde Gamla Stan, lo primero que se ve de Kungsholmen es el ayuntamiento de ladrillo rojo, el Stadshuset, diseñado por Ragnar Östberg y completado en 1923. La entrada al edificio se hace con una visita guiada, que dura unos 50 min y empieza en la entrada más alejada de la calle. Suele haber visitas cada hora en punto entre 10.00 y 15.00 todos los días. No es necesario reservar con antelación, pero se aconseja consultar la web, especialmente en invierno, cuando hay menos visitas.

Este edificio se considera la cumbre del estilo romántico sueco y atrae a cientos de visitantes a pesar de tratarse de un centro de oficinas en activo. Cerca de 350 funcionarios trabajan en él y acoge muchos eventos, como el banquete anual de los Premios Nobel, que se celebran en su enorme sala Azul cada mes de diciembre. Si se visita un fin de semana se podrá comprobar que es también un lugar popular para las bodas.

La austera fachada esconde muchos secretos, como el patio que aparece nada más cruzar la entrada principal. Rodeado de arcos altos y paredes de ladrillo rojo, consigue una sensación

CONSEJO

Solo hay 27 entradas al día en verano para visitar la torre del reloj, así que si se quiere disfrutar de las vistas hay que llegar temprano.

Escanea este código QR para reservar las entradas a la torre (solo verano).

de espacio abierto y acogedor gracias al jardín y al agua de las inmediaciones.

Sede del gobierno

En el centro del Stadshuset se encuentra la Blå Hallen (sala Azul). Se trata de una cámara cavernosa con varias plantas que, curiosamente, no es azul. El arquitecto la diseñó a semejanza de una vasta logia italiana, con arcos altos y grandes ventanales; tiene un patio interior con una altura de cuatro plantas que parece estar a cielo abierto gracias a la hilera de ventanas cercanas al techo, por donde suelen pasar los pájaros volando. Su impresionante escalera se eleva sobre los arcos y constituye un imponente telón de fondo para las ceremonias que se celebran en la sala; sus colores claros contrastan con el rojo de las paredes.

Maravilla dorada

El punto culminante de la visita guiada es el salón Dorado, una deslumbrante obra diseñada por Einar Forseth con 18 millones de teselas doradas. Es posible que se escape una interjección de admiración al verla por primera vez, especialmente si está iluminada. Resulta espectacular la ampulosidad de esta sala, con sus altísimos techos y sus murales dorados que relatan momentos clave de la historia sueca.

Consejo municipal

La visita guiada también lleva al otro lado del patio, donde se encuentran las cámaras del consejo, tan impresionantes como las salas ceremoniales. La Rådsalen (sala Roja) es la cámara del consejo donde se toman las decisiones sobre la gestión de la ciudad, bajo un alto techo abovedado y pintado. La visita guiada pasa por la galería Prins Eugen, con un bonito mural pintado por el talentoso hermano de Gustavo V.

UNA PAUSA

Existen un par de buenas opciones para comer en el Stadshuset: unirse a los funcionarios municipales en el café **Ragnars Skafferi** (p. 126) para un bufé de mediodía a buen precio o cenar como un ganador del Nobel en el restaurante del sótano, de encantadora decoración, **Stadshuskällaren** (p. 126), donde se puede pedir a la carta o elegir el menú que se sirvió el año anterior en el banquete de los premios.

ADISA/SHUTTERSTOCK ©

Un paseo por el jardín

El parque junto al lago es bonito en cualquier época del año y ofrece unas vistas impresionantes de Riddarholmen y de Södermalm, al otro lado del agua. Como es habitual en Suecia, no es difícil encontrarse a gente tomando el sol o leyendo en cuanto asoma un poco el sol. Hay que fijarse en las esculturas: hay dos estatuas de Carl Eldh que custodian los escalones, y *Engelbrekt,* el luchador por la libertad de Christian Eriksson, decora un pilar en una esquina del parque.

Impresionantes alturas

Se necesita una entrada específica para subir a la torre de 106 m (jun-fin ago) y solo hay 27 diarias. Ofrece unas vistas increíbles, además de 365 escalones para ejercitar los cuádriceps.

CIRCUITO A PIE

Kungsholmen

Kungsholmen es principalmente un barrio residencial y la mayor parte de la arquitectura interesante que alberga son edificios de oficinas que no están abiertos al turismo. Este paseo está diseñado para obtener una idea general del barrio más que para ofrecer una lista de puntos de interés.

INICIO	FINAL	DURACIÓN
Stadshuset	Estación de *tunnelbana* de Rådhuset	2 km; 1 h

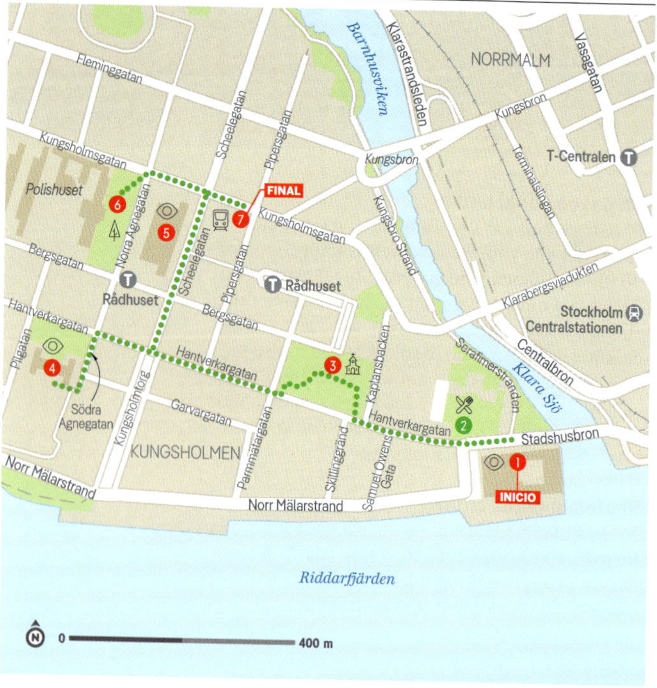

1 Stadsuhuset

Se empieza en el **Stadshuset** (p. 117), con la visita guiada gratuita, si está disponible. No hay que irse sin dar un paseo junto al agua y disfrutar de las excelentes vistas de la arquitectura del edificio y de las islas del otro lado.

2 Café Portiken

Tras caminar unos metros por Hantverkargatan se llega al **Café Portiken** (p. 126), donde se puede tomar sopa y un bocadillo por unas 100 SEK. Es un lugar genial para relajarse tras la visita del Stadshuset y reponer fuerzas antes de recorrer el resto de la isla.

3 Kungholms Kyrka

Todavía en Hantverkargatan, hay que visitar la **Kungholms Kyrka** (p. 125), del s. XVII, una de las mayores iglesias de la isla. Su decoración austera contrasta con la opulencia de muchas iglesias del período católico de Suecia, pero las pinturas de santos de las paredes son interesantes ejemplos del estilo de la época.

4 Consejo Regional de Estocolmo

Siguiendo por Hantverkagatan se llega a un gran edificio, un poco alejado de la calle, con jardines sencillos pero perfectamente cuidados. Se trata del edificio del **Consejo Regional de Estocolmo,** la administración provincial que gestiona los barrios periféricos de la ciudad.

5 Rådhuset

Volviendo a Hantverkagatan en dirección hacia Scheelegatan se llega al Rådhuset, el **tribunal de distrito de Estocolmo,** un edificio muy sencillo del mismo estilo romántico nacionalista del Stadshuset, que surgió en Suecia a finales del s. XIX, aunque este es un ejemplo menos interesante.

6 Polishusparken

La pequeña zona verde al oeste del Rådhuset es el **Polishusparken.** No se recomienda hacer fotos, ya que el imponente edificio neoclásico que hay cerca es la sede de la policía, con una cárcel en el interior, pero es un bonito jardín donde se puede dar un descanso a las piernas.

7 Estación de 'tunnelbana' de Rådhuset

El paseo termina en una de las estaciones de *tunnelbana* más interesantes de Estocolmo. La **estación de Rådhuset,** diseñada para que parezca excavada directamente en la roca.

EXPERIENCIAS

Un paseo junto al agua
PASEO

El paseo entre el **Stadshuset** y el **Rålambshovparken** es uno de los más agradables de Estocolmo, con bonitos atardeceres y vistas al agua. Empieza en los jardines del Stadshuset y pasa por una pequeña puerta hacia Kungsholmen. A partir de ahí solo hay que seguir el camino. Se pasa por algunos muelles públicos utilizados por pequeñas empresas de navegación que transportan viajeros desde las islas exteriores y por numerosos bares y restaurantes donde se puede tomar una copa al atardecer. Los barcos a la isla de Mariefred salen de aquí. El camino recorre toda la isla, así que si se disfruta corriendo o montando en bici, se puede hacer en 1 o 2 h, aunque a veces deja un poco el litoral. Los atardeceres de verano está muy concurrido.

Parque perruno
PARQUE

PLANO: 1 P. 116 C2

Estocolmo, en general, está llena de perros, aunque no se admiten en la mayoría de los museos a no ser que sean de servicio. Un punto de encuentro canino es el **Rålambshovsparken,** un enorme parque al que se accede por el paseo marítimo. Los atardeceres también son impresionantes y en días calurosos se puede llenar rápidamente, con puestos de comida que se montan para amenizar la fiesta. Es un buen lugar para relajarse y terminar el día. Hay unas cuantas esculturas interesantes, campos de petanca y un *skatepark*. Es el parque donde empezaron las protestas de Greta Thunberg, "Fridays for Future".

CALIDAD DEL AGUA

Estocolmo se encuentra en un gran estuario y, en general, se dice que el agua al oeste de Gamla Stan es oceánica y la del este, Mälaren, es un gran lago de agua dulce. En teoría, es posible nadar en el Mälaren en las zonas de baño habilitadas por el Ayuntamiento en verano, pero la calidad del agua varía debido a la presencia de elementos como excrementos de aves, ya que hay muchas palomas y gansos que se alimentan de la basura. La calidad del agua se mide a diario en verano y se publican notas informativas si es baja o si se prohíbe el baño.

PUERTA URBANA

En verano, el ferri a la histórica isla de Mariefred sale de los muelles cerca de Stadshuset. Se pueden comprar los billetes en los ferris y hay un restaurante a bordo.

Día de playa

PLAYA URBANA

PLANO: 2 P. 116 B3

Smedsuddsbadet es una de las playas más populares de Estocolmo, pero no es una "playa" en el sentido clásico de la palabra si lo que se busca es arena y olas. A diferencia de otras playas urbanas, la ciudad de Estocolmo no ha tratado de crear esa ilusión depositando grandes cantidades de arena que podrían alterar el ecosistema local para que los vecinos disfruten del verano. En cualquier caso, es un sitio excelente para tomar el sol junto a la gente y disfrutar del aire libre. Hay una zona de juegos con arena para niños, tumbonas en verano y un embarcadero desde el que saltar al agua, además de una rampa para mejorar la accesibilidad. También hay vestuarios públicos, algo poco habitual en Suecia. Es posible que se prohíba el baño si la calidad del agua no cumple el estándar mínimo.

Caminata urbana

SENDERO NATURAL

Un pequeño sendero natural conecta Smedsuddsbadet con **Fredhällsklipporna,** una pequeña playa rocosa donde es posible bañarse. Popular entre los residentes de las inmediaciones a cualquier hora del día, los observadores de aves más avezados podrán distinguir algunas especies interesantes. No hay que perderse la pequeña rosaleda, especialmente en verano. El sendero no es apto para sillas de ruedas, ya que tiene varias subidas, bajadas y curvas cerradas. Para corredores o para hacer un poco de ejercicio es una buena extensión, moderadamente exigente, del circuito más corto que sale del Stadshuset.

Para los amantes del agua

BAÑO

PLANO: 3 P. 116 A2

En el extremo sur de Kungsholmen se encuentra **Fredhällsbadet,** un lugar de baño en aguas abiertas disponible para los miembros del club local todo el año y para el público en general en verano. Su gran muelle es una buena zona para tomar el sol y a veces hay sesiones de yoga en grupo con vistas al atardecer y el puente de Alvik y Bromma. Es uno de los mejores lugares de Estocolmo para nadar al aire libre.

Hay para elegir

BAÑO

PLANO: 4 P. 116 A3

Los amantes de la natación al aire libre deben visitar también la pequeña isla de **Lilla Essingen.** Es muy pequeña (se recorre en unos 20 min y tiene muy pocos restaurantes y tiendas), pero los embarcaderos públicos que hay por todas partes invitan a lanzarse a las frescas aguas del lago Mälaren. Menos concurrido que Smedsuddsbladet y otras zonas de baño populares porque no tiene tanto sol directo, no deja de ser un sitio muy agradable para disfrutar de un baño refrescante en un día caluroso. No hay socorristas, así que los niños no deben bañarse sin supervisión. Se puede empezar por el Luxparken, en el lado este de la isla, renovado recientemente.

Lejos del mundanal ruido

COMIDA

PLANO: 5 P. 116 A4

El negocio de la restauración puede ser duro, especialmente si no se está en una de las zonas más populares de la ciudad. En la pequeña isla residencial de Lilla Essingen, algunos restauradores han decidido hacer la alta gastronomía más accesible a los vecinos llevando sus técnicas y estilo a restaurantes de ambiente más hogareño. **Lux Dag för Dag** (p. 126) es un local con productos escandinavos y comidas compartidas en un ambiente acogedor. La comida es buena y hay disponibles maridajes con vino, pero es el tipo de lugar que se centra más en la comida que en la decoración. Se recomienda reservar.

La hermana mayor

BAÑO

PLANO: 6 P. 116 A3

En la isla residencial de Stora Essingen hay otra zona de baño que merece la pena para nadar en aguas abiertas. **Oxhålsbadet** no ofrece muchos servicios, pero tiene una zona poco profunda que la convierte en segura para los niños. También hay una pequeña ruta natural. Stora Essingen es más difícil

A VUELTAS CON LAS ESSINGEN

Las dos pequeñas islas de Lilla Essingen y Stora Essingen (literalmente "pequeña" y "gran" Essignen) están ocupadas por barrios residenciales y conectadas con la isla principal por puentes peatonales y para vehículos. No hay mucha actividad turística en estos barrios periféricos, pero son populares entre los amantes de la navegación y la natación en aguas abiertas que viven aquí, actividades que se pueden hacer durante todo el año. Para los *runners* de visita, son un buen sitio para hacer unos kilómetros. No hay acceso peatonal al puente grande. Se puede usar el de Mariebergsbron desde el parque de Mariebergs para acceder al puente peatonal y las carreteras que conectan las dos islas.

ESTOCOLMO CON PRESUPUESTO AJUSTADO

Estocolmo puede ser caro, pero hay varias formas de limitar los gastos. Los estudiantes (no importa la edad) deben llevar siempre un carné identificativo, puesto que la mayoría de los museos y lugares culturales ofrecen descuentos. Algunos tienen incluso eventos especiales para ellos. Hay que aprovechar los grandes parques y las zonas verdes para hacer un pícnic o bañarse. Las iglesias y otros centros religiosos a menudo ofrecen conciertos gratuitos o subvencionados en lugares con una acústica increíble y órganos excepcionales. Hay que consultar los tablones de anuncios para ver qué hay programado.

de recorrer que su hermana pequeña, pero si se quiere, se puede ir por sus calles interiores hasta el otro lado de la isla, en Broparken, donde un sendero panorámico lleva hasta aproximadamente la mitad de la isla.

Música celestial IGLESIA

PLANO: 7 P. 116 **E2**

Lejos de las rutas turísticas, la **Kungholms Kyrka** es un lugar interesante para tomarse un descanso, especialmente tras la visita al Stadshuset. Tiene una bonita finca donde se puede comer un bocadillo o recorrer el cementerio. Sus austeros interiores son un respiro fascinante tras los excesos del Stadshuset o las iglesias católicas de épocas anteriores. Para los viajeros con presupuesto reducido que busquen un poco de música, cada jueves a las 10.00, la iglesia ofrece un concierto de órgano con *fika* por 70 SEK.

Bajo la ciudad ARTE

La estación del **'tunnelbana' de Rådhuset** (P. 116 **E2**) es una de las más emblemáticas de la red, famosa por ser también una galería de arte. Inaugurada en 1975, la estación fue diseñada para que pareciera excavada en la gran roca que, según los geólogos, se encuentra bajo el ayuntamiento. El rojo intenso de la roca evoca el edificio del Stadshuset y hay pequeñas piezas de la historia de Kungsholmen incrustadas para que parezca que se está en una excavación arqueológica. Es necesario pasar los torniquetes para acceder a los elementos más interesantes, así que hay que llevar a mano la tarjeta SL.

SUGERENCIAS

Lo mejor para...

€ Económico €€ Medio €€€ Alto

Localizaciones en el plano de la **p. 116**

Comer

Pescado

Glupsk Bohuslan €
8 E2
Pescado en versión callejera. Inspirado en Nueva Inglaterra pero con influencia de la tradición pesquera de Suecia. *glupsk.se; 11.00-20.00 ma-vi, desde 12.00 sa, 12.00-16.00 do*

Mälarpaviljongen €€
9 D3
Solo abre en verano, pero es un gran punto de encuentro para tomar algo al atardecer. *ny.malarpaviljongen.se; 11.30-23.00 ma-vi, 17.00-24.00 sa y do jun-sep*

Comida accesible

Lux Dag för Dag €€
véase 5 A4
Productos frescos recién salidos de la granja en la pequeña isla de Lilla Essingen. El autobús nº 1 deja cerca. *luxdagfordag.se; 11.30-14.00 ma-vi, 17.00-22.00 mi-sa*

Café Portiken €
10 F3
Almuerzos rápidos y *fika* junto al Stadshuset. Excelentes sopas y bocadillos. *9.30-15.30 lu-vi*

Ragnars Skafferi €
11 F3
En el recinto del Stadshuset, frecuentado por los oficinistas del ayuntamiento; una buena opción para viajeros con poco presupuesto. *ragnarsskafferi.se; 11.00-14.00 lu-vi*

Alta gastronomía

Stadshuskällaren €€€
12 F3
Es posible cenar como un premio nobel en este restaurante que sirve comidas en la misma vajilla que se utiliza durante la ceremonia. *stadshuskallarensthlm.se; 11.30-14.00 lu-vi, 17.00-23.00 mi-sa*

Beber

Atardeceres junto al agua

Mälarpaviljongen
véase 9 D3
Solo abre en verano, comunidad LGTBIQ+ bienvenida. *ny.malarpaviljongen.se; 11.30-23.00 ma-vi, 17.00-24.00 sa y do jun-sep*

Lemon Bar
13 E2
Ambiente de *pub* que se transforma en club con cócteles los fines de semana. Posibilidad de comer algo (foto). *lemonbar.se; 17.00-3.00 ma-vi, 19.00-3.00 sa*

Boulebar
14 C2
Pertenece a una cadena y solo abre en verano. Sus bebidas son geniales y se puede jugar a la petanca. *boulebar.se; 10.00-17.00 lu-vi jun-sep*

JENLO8/SHUTTERSTOCK ©

Comprar

Artículos de segunda mano

Grandpa

15 C1

Buena selección de ropa y artículos de diseño. *grandpastore.com; 11.00-18.00 lu-vi, hasta 17.00 sa, 12.00-16.00 do*

Stockholm Stadsmission

16 D2

Pertenece a una cadena y colabora con personas sin hogar. *stadsmission.se; 10.00-18.30 lu-vi, hasta 17.00 sa, 12.00-16.00 do*

Myrorna Second Hand

17 D1

Artículos del hogar y ropa, además de una increíble selección de vinilos. *myrorna.se; 10.00-19.00 lu-vi, hasta 17.00 sa, 12.00-16.00 do*

Sugerencias de lugares para comer, beber y comprar en **p. 140**

Explora Vasastan

Vasastan no despegó completamente hasta finales del s. XIX. Sus edificios modernos atrajeron a las clases altas y en ascenso y sigue siendo una de las zonas más densamente pobladas de la ciudad, con un ambiente relajado y de barrio. Tiene restaurantes y tiendas excelentes, galerías de arte y puntos de interés cultural. Entre otros, la Stadsbiblioteket, un ejemplo excepcional de arquitectura Swedish Grace, y el estudio histórico del escultor Carl Eldhs. Unos 3 km al norte de Vasastan, en Solna, se encuentra el Hagaparken, de estilo inglés, uno de los parques históricos mejor conservados de Suecia. Allí reside la princesa Victoria, en el Haga Slott, y todo forma parte del extenso Kungliga Nationalstadsparken.

Cómo desplazarse

Metro

Vasastan es una zona residencial con varias estaciones de *tunnelbana* y muchas conexiones con autobús.

A pie

Odenplan es la estación del *tunnelbana* más céntrica; todos los puntos de interés se encuentran a unos 20 min andando. La estación de St Eriksplan está más cerca del Vasaparken y la zona oeste. Hay que tener en cuenta que la estación de cercanías de Odenplan y la de *tunnelbana* de Odenplan están a una pequeña distancia andando; hay varios buses que salen de la estación de *tunnelbana*.

Koppartälten, Hagaparken (p. 131).

★

LO MEJOR

PARQUE
Hagaparken (p. 131)

GALERÍA
Sven-Harrys Konstmuseum (p. 138)

PEQUEÑO MUSEO
Carl Eldhs Ateljémuseum (p. 136)

'FIKA'
Lillebrors bageri (p. 140)

MARAVILLA ARQUITECTÓNICA
Gustav Vasa Kyrka (p. 139)

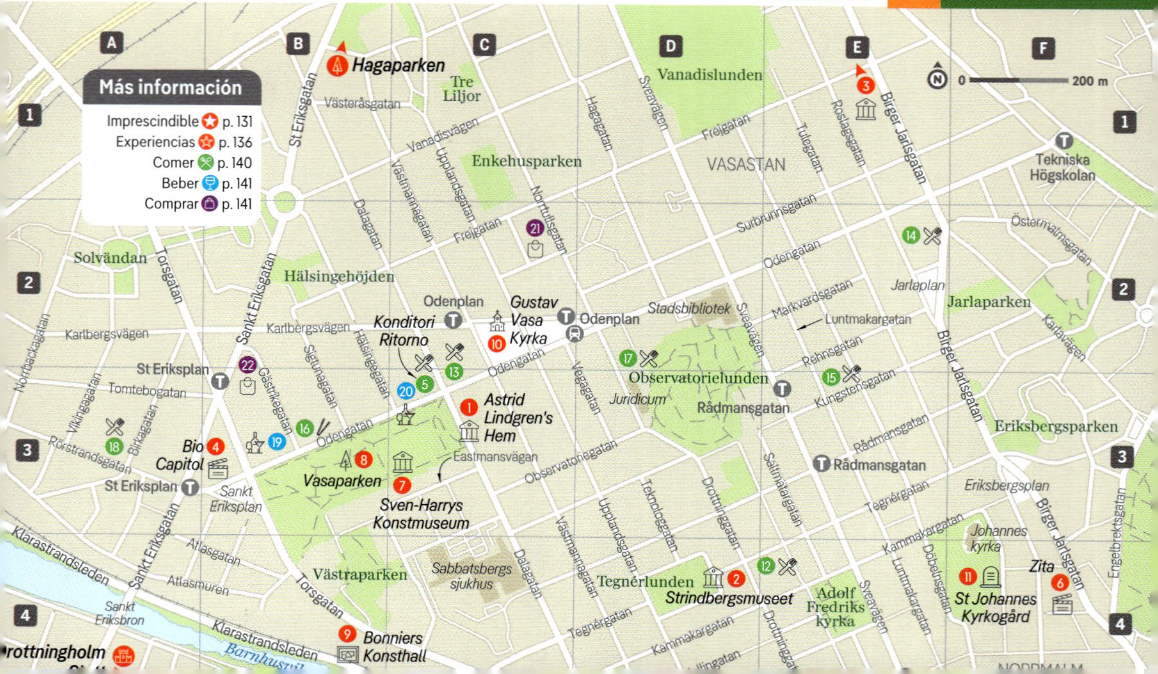
Más información
Imprescindible p. 131
Experiencias p. 136
Comer p. 140
Beber p. 141
Comprar p. 141
A
B
C
D
E
F
1
2
3
4
0
200 m
Hagaparken
Tre Liljor
Vanadislunden
Tekniska Högskolan
VASASTAN
Enkehusparken
Solvändan
Hälsingehöjden
Odenplan
Gustav Vasa Kyrka
Konditori Ritorno
Stadsbibliotek
Jarlaplan
Jarlaparken
Observatorielunden
Juridicum
Rådmansgatan
Eriksbergsparken
Eriksbergsplan
St Eriksplan
Astrid Lindgren's Hem
Bio Capitol
Vasaparken
Sven-Harrys Konstmuseum
Sankt Eriksplan
Västraparken
Sabbatsbergs sjukhus
Tegnérlunden
Strindbergsmuseet
Adolf Fredriks kyrka
Johannes kyrka
Zita
St Johannes Kyrkogård
Sankt Eriksbron
Bonniers Konsthall
Barnhusviken
Västeråsgatan
St Eriksgatan
Vanadisvägen
Västmannagatan
Upplandsgatan
Dalagatan
Freigatan
Norrtullsgatan
Hagagatan
Sveavägen
Tulegatan
Roslagsgatan
Birger Jarlsgatan
Surbrunnsgatan
Östermalmsgatan
Odengatan
Markvardsgatan
Luntmakargatan
Karlavägen
Rehnsgatan
Kungstensgatan
Torsgatan
Sankt Eriksgatan
Karlbergsvägen
Norrbackagatan
Tomtebogatan
Vikingagatan
Birkagatan
Rörstrandsgatan
Gästrikegatan
Sigtunagatan
Hälsingegatan
Vegagatan
Eastmansvägen
Observatoriegatan
Saltmätargatan
Drottninggatan
Teknologgatan
Tegnérgatan
Kammakargatan
Döbelnsgatan
Engelbrektsgatan
Klarastrandsleden
Atlasgatan
Atlasmuren
NORRMALM

★ IMPRESCINDIBLE

Hagaparken

El **Hagaparken,** parte del Kungliga Nationalstadsparken, se extiende desde Vasastan hasta las ciudades colindantes de Solna y Ulriksdal. Esta gran zona verde es uno de los lugares más bonitos de Estocolmo para caminar, leer o disfrutar de actividades al aire libre como montar en barco o darse un baño.

PLANO: P. 130 **B1**

Un jardín inglés

El Hagaparken es un soplo de aire fresco entre los polígonos industriales y las autovías que lo rodean, un fantástico ejemplo de jardín inglés, con un césped impecable y fuentes artificiales.

Caprichos reales

Si se entra por Vasastan, enseguida se llega al lago y, caminando un poco más al norte, se pueden ver las extravagancias arquitectónicas del rey Gustavo III. Están el pabellón chino, el quiosco turco y el circo Koppartälten, que consiste en tres carpas de metal, una de las cuales es ahora una cafetería.

El Paviljong de Gustavo III (abierto de mayo a septiembre, aunque cerrado por obras en el momento de escribir esta guía) es un excelente ejemplo de estilo neoclásico. Los muebles y decoración reflejan el interés del rey por todo lo romano tras su viaje a Italia en 1782.

La neblinosa Fjärilshuset ("casa de la mariposa") es ideal para una visita un día de mal tiempo. Tiene secciones de selva tropical, mariposas revoloteando, tortugas, acuarios con peces tropicales y hasta tiburones.

CONSEJO

La estación de *tunnelbana* de Odenplan está cerca del centro de Vasastan, a unos 10 min andando de la entrada sur del Hagaparken.

Escanea este código QR para descargar la aplicación gratuita Kungliga Hovstaterna con una visita guiada.

★ IMPRESCINDIBLE

Drottningholm Slott

A tan solo 13 km de Estocolmo se encuentra uno de los palacios más emblemáticos de Suecia. El **Drottningholm Slott** es conocido a veces como el Versalles sueco por sus elaborados interiores y sus exuberantes y extensos jardines. Si se puede emplear medio día para verlo, vale la pena.

PLANO: P. 131 **A4**

CONSEJO
El palacio cierra a las 16.00 y la visita del interior dura al menos 1 h. Es posible entrar hasta pasadas las 15.00, pero no después de las 15.30.

Opulencia real

La palabra que mejor define este inmenso castillo y su impresionante recinto es "exuberancia". Desde sus interiores llenos de detalles hasta sus jardines perfectamente cuidados, el Drottningholm Slott es la quintaesencia del concepto de palacio. El monumento y el parque, declarados Patrimonio de la Humanidad por la Unesco, fueron diseñados por Nicodemus Tessin el Viejo. Su construcción empezó en 1662. Cuando se terminó, quedó constancia de que la realeza sueca estaba lista para ocupar un lugar prominente en la política europea. La visita de 1 h ofrece información sobre la influencia cultural de algunas de sus ostentosas decoraciones; también se puede descargar la audioguía con antelación. Destaca la alcoba, de estilo maximalista, uno de los interiores barrocos más espectaculares de Suecia; y la impresionante escalera, con esculturas y trampantojos en cada rincón.

Escanea este código QR para información sobre excursiones en barco al palacio en verano.

Todo está en el detalle

El palacio cuenta con varias dependencias que merece la pena visitar. Al fondo del parque se encuentra el **Kina Slott** (may-sep), un pabellón chino de profusa decoración construido por el rey Adolfo Federico como regalo de cumpleaños para la reina Luisa Ulrica en 1753. Cuenta con uno de los interiores de *chinoiserie* rococó más elegantes de Europa. Tampoco hay que perderse su Slottsteater, aún en

SUCHAN/SHUTTERSTOCK ©

funcionamiento, finalizado en 1766. Se trata del teatro más antiguo del mundo que aún conserva su estado original. La fascinante visita guiada incluye una sala de estilo italiano con trampantojos y un techo que parece el cielo. La capilla real se terminó en 1730; la familia real y el personal de la corte la siguen utilizando.

En los jardines

Se podría visitar el Drottningholm solo por sus jardines y valdría la pena. Desde el primer rellano se puede apreciar su impresionante diseño geométrico. Pero lo mejor es explorar la fuente de Hércules, las podas ornamentales y los parterres de cerca, ya que parecen extenderse infinitamente en todas las direcciones. Hay paneles por todo el parque que explican los detalles. Los jardines están abiertos al público y se puede hacer un pícnic o comer algo en Karamellan, junto al palacio y con vistas al lago desde su terraza.

CIRCUITO A PIE

Vasastan

Este es un barrio residencial y de oficinas cuyas atracciones requieren una breve lección de historia y un poco de imaginación. Vasastan es muy agradable para caminar, con grandes aceras y numerosos parques, por no hablar de la agradable sombra del Hagaparken.

INICIO	FINAL	DURACIÓN
Estocolmo Odenplan	Túnel de Brunkeberg	4 km; 1-2 h

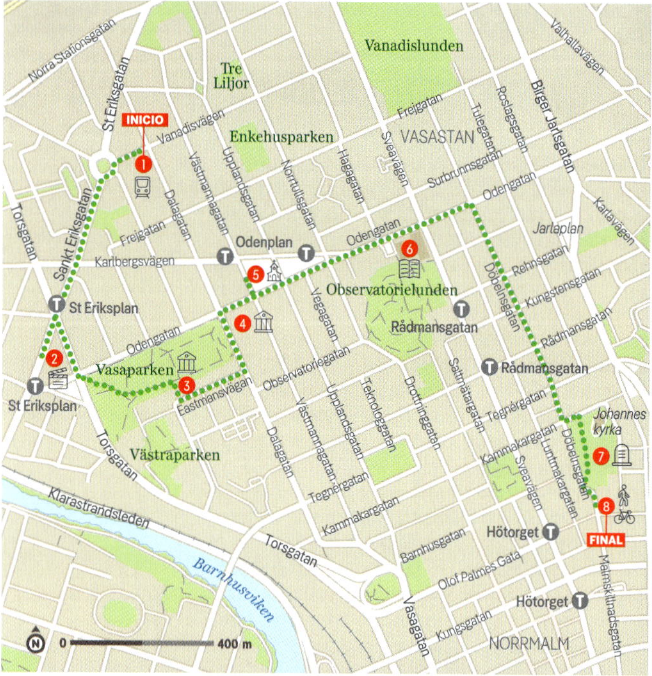

1 Odenplan

Se empieza en la estación de trenes de **Estocolmo Odenplan** (no la de *tunnelbana*), una de las principales, excelente para conectar con otras partes de la ciudad y con la periferia.

2 Cine Bio Capitol

El **Bio Capitol** (p. 137) de Sankt Eriksgatan es un edificio *art déco* de 1926 dedicado a la rica historia cinematográfica de Suecia. Restaurado con mimo en el 2018, este cine ofrece una de las experiencias fílmicas más lujosas que se pueden tener. También tiene restaurante.

3 Sven-Harrys Konstmuseum

A la vuelta de la esquina, en el Vasaparken, se encuentra el **Sven-Harrys Konstmuseum** (p. 138), una galería de arte moderno que celebra la gran colección de arte de uno de los principales arquitectos de Suecia y acoge exposiciones temporales.

4 Astrid Lindgrens Hem

Niños de todo el mundo han disfrutado de Pippi Langstrumpf y de otros personajes creados por Astrid Lindgren. El museo **Astrid Lindgrens Hem** (p. 136), situado en su antigua casa de Dalagatan, es el lugar donde ideó toda su magia.

5 Gustav Vasa Kyrka

En el corazón de Estocolmo, en la plaza Odenplan, se encuentra una de las mayores iglesias de la ciudad, la neobarroca **Gustav Vasa Kyrka** (p. 139), con una impresionante cúpula.

6 Stadsbibliotek

Uno de los ejemplos más asombrosos del estilo romántico nacionalista sueco es la **Stadsbibliotek.** Estaba cerrada por reformas al escribir esta guía.

7 St Johannes Kyrkogård

La zona conocida hoy en día como **St Johannes Kyrkogård** (p. 139), en Dobëlnsgatan, fue un cementerio durante siglos, y aun así, los niños de las escuelas cercanas acuden a él para jugar. Se puede caminar en busca de las lápidas más antiguas.

8 Túnel de Brunkeberg

El **túnel de Brunkeberg,** de 231 m, lo usan ciclistas y peatones para sortear el tráfico del centro de la ciudad. Aunque fue inaugurado en 1886, se ha convertido en uno de los lugares más populares para hacer fotos de la ciudad.

EXPERIENCIAS

El santuario de una autora

MUSEO

PLANO: 1 P. 130 **C3**

Con su pelo rojo recogido en unas trenzas arqueadas y su nariz llena de pecas, Pippi Langstrumpf es seguramente una de las suecas más inconfundibles. Creado por Astrid Lindgren para entretener a su hija pequeña, el personaje atrae a visitantes de todo el mundo que quieren rememorar su infancia o transmitirle algo de esa magia a sus hijos. Hoy en día, el piso donde vivió y trabajó esta aclamada autora de 1941 hasta su muerte en el 2002 es un pequeño museo, el **Astrid Lindgrens Hem** *(astridlindgrenshem.se; 200 SEK)*. Se trata de uno de esos lugares difíciles de apreciar si no se han leído los libros o no se conoce el personaje de Pippi Langstrumpf. Ningún otro autor sueco ha sido traducido a tantas lenguas como Astrid Lindgren. Se organizan visitas en determinadas fechas, que se anuncian a comienzos de mes en la página web de la asociación Astrid Lindgren *(astridlindgrensallskapet.se)*.

Un icono en casa

MUSEO

PLANO: 2 P. 130 **D4**

El escritor y pintor August Strindberg (1849-1912) se considera el padre de la literatura sueca moderna. Vivió los cuatro últimos años de su vida en un pequeño piso en un edificio llamado "la torre azul". Hoy en día las habitaciones se conservan bajo el evocador nombre de **Strindbergsmuseet** *(strindbergsmuseet.se; adultos/estudiantes/niños 100/75 SEK/gratis)*. Hay dos tipos de personas que pueden apreciar este museo: los fans de Strindberg y los fans de los muebles y la decoración histórica. Casi todos los muebles y accesorios de principios del s. xx expuestos son originales. Se puede fisgar en su armario, su estudio y su biblioteca (que contiene unos 300 volúmenes), dar una vuelta por el salón y disfrutar de alguna de las fascinantes exposiciones temporales.

Una cápsula del tiempo artística

MUSEO

PLANO: 3 P. 130 **E1**

Uno de los escultores suecos más célebres del s. xx ha dejado su huella por toda la ciudad, como en el Stadshuset de Kungsholmen. A cambio, la casa donde desarrolló la mayoría de sus ideas ha sido perfectamente conservada como museo. El **Carl Eldhs Ateljémuseum** *(eldhsatelje.se; adultos/estudiantes/menores de 15 años; 120/100 SEK/gratis; abr-oct)* es un bonito edificio de madera con jardín situado junto al parque Bellevue, que probablemente no tiene tantos visitantes como merece. El interés principal reside en que la casa y su contenido se han mantenido casi intactos, con todo igual que durante los 30 años en que la ocupó Eldh. También se utiliza para celebrar pequeñas actuaciones musicales o recitales. No tiene cafetería (está en construcción), pero se puede comer en los alrededores.

Un día en el cine

CINE

El Capitol se terminó de construir en 1926, siendo el cine más grande y elegante de Vasastan. Su antigua versión cerró en 1985, pero gracias a una exitosa campaña de Kickstarter, ha renacido como el elegante **Bio Capitol** (PLANO: 4 P. 131 **B3**; *capitolbio.se*), donde se proyectan películas independientes, de autor y retrospectivas. Este espacio *art déco* cuenta con cuatro auditorios comodísimos que hacen que ir al cine vuelva a ser divertido gracias a eventos especiales, como proyecciones con merienda incluida en la butaca.

Cerca, en Odengatan, se encuentra otro encantador local retro, **Konditori Ritorno** (PLANO: 5 P. 131 **C3**; *ritorno.se*). Esta pastelería y cafetería de 1959 es un éxito entre escritores, estudiantes y pensionistas. Sus butacas de piel, sus candelabros y sus antiguas pinturas lo convierten en la parada perfecta para un café y un exquisito *semla* (bollo de harina de trigo relleno de nata y crema de almendras).

Cine de arte y ensayo

CINE

PLANO: 6 P. 130 **F4**

El cine en funcionamiento más antiguo de Estocolmo, el **Zita** *(zita.se)*, abrió sus puertas al público en 1913, y aunque ha vivido muchas vidas desde entonces, todavía sigue funcionando en Birger Jarlsgatan 37. Se puede ir simplemente a una sesión matutina (todas las películas se proyectan en versión original), pero se disfrutará más si se sabe que es una parte esencial de la historia cinematográfica sueca del s. xx. A diferencia de otros cines, parte de su decoración original se ha perdido, con lo cual tiene menos encanto arquitectónico, pero los amantes del séptimo arte seguro que disfrutan con su ilustre historia (se proyectan clásicos suecos a menudo).

ESTILOS ARQUITECTÓNICOS SUECOS

A veces un edificio o un mueble parece diferente a todo, pero no se sabe explicar por qué. Eso suele suceder con el Swedish Grace, mezcla de neoclasicismo con estilos locales, uno de cuyos ejemplos más notables es la Stadsbibliotek (p. 135). Se caracteriza por las columnas y ángulos donde suele haber curvas suaves. Por su parte, el funcionalismo, como se aprecia en gran parte de las viviendas de Estocolmo, es un modernismo un poco menos austero que el brutalismo y, por supuesto, luego están todas las obras experimentales que desafían cualquier categorización.

Disfrute millonario

MUSEO

PLANO: 7 P. 130 C3

La fachada de latón dorado del **Sven-Harrys Konstmuseum** *(sven-harrys.se; adultos/estudiantes/menores de 18 años; 220/190 SEK/gratis)* resplandece al sur del Vasaparken, tanto que es difícil pasarlo por alto (está hecho del mismo material que recubre los euros). El edificio tiene múltiples funciones. Alberga interesantes exposiciones temporales sobre diferentes temas, pero sus principales puntos de interés son su terraza en la azotea y el jardín de esculturas, que rodea una réplica de las habitaciones de la antigua residencia de Sven-Harry, una casa solariega del s. XVIII decorada con diferentes obras de arte y una colección de muebles modernos. Las piezas expuestas incluyen las obras de August Strindberg, Gösta Adrian-Nilsson (GAN) y Carl Fredrick Hill. Se accede a estas salas con una visita guiada (en sueco). En la planta baja se encuentra **Guld,** un café-bistró con mucho estilo y una terraza con vistas al parque.

Un paseo por el parque

PARQUE

PLANO: 8 P. 130 B3

El **Vasaparken** es un parque muy popular que bordea Odengatan y tiene algo que ofrecer para todos los gustos. Su cuidado césped ha ganado premios y acoge a mucha gente en verano, ya sea para hacer un pícnic o para tomarse un helado. La lista de entretenimientos es interminable: hay una pista de atletismo, campos de fútbol (que se transforman en pista de hielo en invierno), un minigolf, un pabellón de yoga, lugares tranquilos para sentarse a leer y una enorme zona de juegos donde los niños pueden correr sin peligro.

Arte en las vías

MUSEO

PLANO: 9 P. 130 B4

Cerca de las vías de tren del Vasaparken se encuentra una de las galerías de arte contemporáneo más recientes y emblemáticas de Estocolmo, la **Bonniers Konsthall** *(bonnierskonsthall.se; adultos/estudiantes/menores de 26 años; 120/100 SEK/gratis; 11.00-14.00 mi-vi),* que reúne obras de arte contemporáneo sueco y de otros orígenes. Se trata de un edificio

LA MAGIA DEL CINE

Es probable que al pensar en algún actor famoso de Europa sea uno sueco, pues Suecia siempre ha sido un país muy cinematográfico, ya desde la época del cine mudo. Muchos de los actores y directores más famosos del mundo son de Suecia, como Greta Garbo, Ingrid Bergman, el director Ingmar Bergman y el extenso clan Skarsgård. Hay reliquias de estos iconos dispersas por toda la ciudad, como la gran concentración de cines que han sobrevivido en Vasastan.

IGLESIA DE SUECIA

La Iglesia de Suecia es una comunidad protestante y evangélica que forma parte del culto luterano. En 1523, Gustav Vasa se escindió de la Iglesia católica, en parte porque la iglesia de Roma rechazó destituir al obispo que se había opuesto al rey durante el Baño de Sangre de Estocolmo. La Iglesia de Suecia fue la oficial del Estado durante siglos y su historia única se refleja en la arquitectura de sus iglesias, que son más austeras que las de sus homólogas continentales, pero conservan elementos extravagantes como el imponente altar de la Gustav Vasa Kyrka.

austero con mucha luz natural, el escenario ideal para un exigente arte contemporáneo que traspasa fronteras e invita a la reflexión. También patrocina premios para artistas emergentes, así que es un estupendo lugar para coleccionistas (reales o imaginarios) donde descubrir nuevos talentos. Los horarios de apertura son limitados, así que hay que informarse antes de ir.

En la viña del señor — IGLESIA

PLANO: 10 P. 130 **C2**

Una de las iglesias más antiguas de Estocolmo es la **Gustav Vasa Kyrka,** un icono arquitectónico y centro de los programas sociales de la zona de Vasastan. El detalle más notable de la iglesia es su columbario (una sala donde se almacenan las cenizas de los difuntos), uno de los mayores de Europa, prueba de lo extendida que estaba esta práctica en Suecia. El retablo que representa la caída de Adán y Eva es la escultura más grande de este estilo en Suecia, mientras que su distintiva cúpula se alza sobre los edificios más cercanos haciendo que parezca más grande de lo que en realidad es. La iglesia también organiza conciertos de música clásica a la hora de comer los jueves y de órgano todos los domingos, además de exposiciones de artistas locales. Cierra a las 18.00 de lunes a jueves y a las 15.00 los viernes; se necesita unos 30 min para verla.

Diversión... ¿en el cementerio? — CEMENTERIO

PLANO: 11 P. 130 **F4**

Hay a quien le gusta pasear por el **St Johannes Kyrkogård** (cementerio de san Juan) aunque haya sido un lugar de sepultura desde al menos el s. XIII. Puede que sea por su ubicación o por la calma que desprende. La iglesia de San Juan es un ejemplo interesante de la arquitectura religiosa sueca, con su ladrillo rojo y negro que se extiende hasta el interior. Luce una torre del reloj del s. XVII. Si no se tiene miedo a los fantasmas, se recomienda unirse a los paseos fantasmagóricos que se celebran a finales de agosto. La iglesia solo abre de 11.00 a 16.00.

SUGERENCIAS

Lo mejor para...

€ Económico €€ Medio €€€ Alto

Localizaciones en el plano de la **p. 130**

Comer

Especialidades suecas

Rolfs Kök €€€
12 E4
Deliciosas versiones de los clásicos suecos, como tortitas crujientes de patata con huevas de corégono y carrilleras de buey estofadas al vino tinto. *rolfskok.se; 11.30-24.00 lu-ju, hasta 1.00 vi, 17.00-24.00 sa y do*

Tennstopet €€
13 C3
Cabezas de ciervo y espejos dorados en un *pub*-restaurante tradicional que sirve exquisitos clásicos suecos. *tennstopet.se; 11.30-24.00 lu-vi, 12.00-1.00 sa, 12.00-23.00 do*

Cocina internacional

Babette €€
14 E2
Un gallo de neón blanco da la bienvenida a este bullicioso bistró donde una pequeña cocina abierta hace *pizzas* de textura crujiente y deliciosa cobertura. *babette.se, 17.00-1.00*

Lao Wai €€
15 E3
Todo lo que se sirve en este sencillo restaurante chino es sin gluten, vegano y sublime. *laowai.se; 17.00-22.00 lu-sa*

Take Ramen €€
16 B3
El paraíso de los fideos japoneses, que sirve auténticos cuencos de *ramen* humeante. La versión vegetariana está buenísima. *takeramen.com; 11.00-21.00 lu-vi, desde 12.00 sa y do*

'Fika' y bocadillos

Cafe Pascal €
17 D2
Una cafetería moderna donde disfrutar de un café o un bocadillo y que también es galería de arte. *cafepascal.se; 7.00-19.00 lu-vi, 8.00-17.00 sa y do*

Lillebrors Bageri €
18 A3
Bollería recién hecha al borde de una calle que se hace peatonal en verano. *lillebrors.se; 8.00-19.00 lu-vi, hasta 17.00 sa y do*

ANALIA GLOGOWSKI/LONELY PLANET ©

Beber

Después del trabajo

Le Bon Plat
19 B3
Bistró francés y bar de vinos ideal para beber algo, tomar aperitivos y, ocasionalmente, disfrutar de sesiones de DJ en la calle. *lebonplat.se; 16.00-21.00 lu, 12.00-22.00 ma-sa*

Bara Caisas
20 C3
Comida y bebida suecas en un entorno acogedor. *16.00-22.00 ma-vi, desde 13.00 sa y do*

Comprar

Artículos de segunda mano

Arkivet Second Hand
21 C2
Tienda de segunda mano diseñada para mostrar sus prendas más que para saturar al comprador. *arkivet.com; 11.00-18.00 lu-vi, hasta 17.00 sa, 12.00-16.00 do*

Worn Vintage
22 B2
Prendas de cuero y artículos de gama alta, un éxito entre las *celebrities*. Aquí, segunda mano no es sinónimo de barato. *wornvintage.se; 10.00-17.00 ju y previa cita*

EVERSHEDS
SOLARBOATS
BOAT!

Guía práctica

Vista de Strandvägen, Östermalm (p. 101).

TRABANTOS/SHUTTERSTOCK ©

Viajar en familia

Estocolmo es una de las ciudades más adaptadas para niños de Europa, si no del mundo. Muchos lugares tienen actividades especiales para los más pequeños. También es fácil recorrerla con carrito.

Un trueque

Aunque la ciudad en sí está muy adaptada a los niños, algunos puntos de interés pueden resultarles aburridos. Una manera de mantener a los pequeños interesados es alternar las actividades para adultos con otras especiales para ellos, para que todo el mundo esté contento.

COMER FUERA

Los niños son bienvenidos en la mayoría de los restaurantes e incluso *pubs*, aunque no en los bares. Suele haber menú infantil con porciones más pequeñas y baratas. Hay que preguntarle al camarero.

¡Niños gratis!

Casi todos los museos de Estocolmo son gratis para niños, pero la edad límite exacta fluctúa mucho: de 12 a 26 años. Muchos también ofrecen audioguías específicas y actividades que les ayudan a visitar el museo de forma semiautónoma. Siempre hay que preguntar si los pequeños tienen descuento o consultar la web.

Lactancia

Está ampliamente aceptada y pasa bastante desapercibida. Algunos lugares tienen salas para dar el pecho, especialmente los centros comerciales.

Transporte público

Hasta seis niños menores de 11 años pueden viajar gratis con un adulto.

Zonas de juego

Hay parques con zonas de juego en todos los barrios de Estocolmo. Algunos de los mejores son el Humlegårdens Parklek en Östermalm, el Ivar Los Park en Södermalm y el Rålambshovsparken en Kungsholmen.

HANNA ALANDI/SHUTTERSTOCK ©

Alojamiento

Cada barrio de Estocolmo tiene un ambiente diferente y es posible elegir en función de los intereses.

Si te gusta...

Espacios abiertos y caminar junto al agua

Kungsholmen (p. 115) Tiene unos parques increíbles y vistas al atardecer, especialmente en el Rålambshovparken y en Smedsuddsbadet, y está cerca de Långholmen.

IMPRESCINDIBLE

Nos encanta...

Södermalm (p. 87) El equilibrio perfecto entre estar cerca de todo y la tranquilidad, con buenísimas conexiones de transporte al resto de la ciudad y muchas opciones de categoría y económicas. Se puede ir al barrio SoFo por su comida o de compras para todos los bolsillos.

Fiesta nocturna y bebidas a precio razonable

Södermalm (p. 99) Es el lugar ideal para salir de fiesta y que la noche no cueste un riñón. Hornsgatan, la calle principal, es un punto de encuentro popular después del trabajo.

Compras y restaurantes de lujo

Ostermalm (p. 112) A los famosos les encanta Östermalm. Y también a los turistas que buscan tiendas de diseño. Hay que ir a Sturegallerian para descubrir lo que son las compras de alta gama.

Museos e historia

Norrmalm (p. 58) Una impresionante selección de museos. Se puede ir a pie desde Gamla Stan y Djurgården. Tiene la mejor selección de hoteles baratos.

Lejos de la multitud

Vasastan (p. 129) Un barrio esencialmente residencial que ofrece un poco más de tranquilidad en una ciudad que ya es tranquila de por sí. Está a 10 min del Hagaparken y de una pequeña ruta urbana.

CUÁNTO CUESTA

Cama en albergue **230 SEK**

Hotel de gama media **950 SEK**

Hotel en el centro **1400 SEK**

Comida, bebida y fiesta

Alergias e intolerancias

El personal de los restaurantes de Estocolmo las tiene muy en cuenta y los alérgenos que puede haber en la comida normalmente se indican en la carta. Los camareros suelen preguntar antes de tomar el pedido.

CÓMO SE DICE...

Soy alérgico/a...	*Jag är allergisk mot...*
frutos secos	*nötter*
marisco	*skaldjur*
lácteos	*mejeriprodukter*
gluten	*gluten*

¿CÓMO PREGUNTAR...?

¿Es sin gluten?
Är detta/denna glutenfritt?
¿Lleva frutos secos?
Innehåller detta nötter?
¿Existe una opción vegana?
Finns det ett veganskt alternativ?

SIN CARNE, POR FAVOR

Nunca faltan opciones para los veganos y los vegetarianos en Estocolmo. La mayoría de los restaurantes tiene al menos una opción de cada y hay varios restaurantes en todos los barrios especializados. También hay restaurantes sostenibles con productos locales de temporada para todos los bolsillos.

'Fika'

Un *fika* es simplemente un café con un bollo, pero es algo intrínseco a la vida social sueca. *Fika* a menudo se refiere al acto de tomar un café más que a la bebida en sí y una invitación a un *fika* es más un acto social que una comida.

Cómo pagar la cuenta

Todo el mundo habla inglés, pero se puede llamar al camarero diciendo *"ursäkta mij"*, que significa "disculpe", y decir *"täck"* para dar las gracias o "por favor".

La cuenta Es poco habitual pagar en efectivo; se suele pagar con tarjeta. Normalmente se divide en partes iguales.

Propina No se suele dejar propina, aunque con el flujo de turistas es posible que el datáfono ofrezca la opción de dejar una propina determinada. Se puede omitir, ya que la factura suele incluir los gastos de servicio. Si se quiere dejar algo, un 5-10 % está bien, o hasta un 15 % si el servicio ha sido extraordinario.

PRECIOS

€ menos de 150 €

€€ 150-400 €

€€€ más de 400 €

HORARIOS

Cafeterías 7.30-18.00

Restaurantes 11.00-15.00; cena: 17.00-22.00 (muchos sirven todo el día)

Comida rápida 11.00-hasta tarde

Salir

Bares Salir de noche en Estocolmo puede significar ir de bares, donde la charla se convierte en baile, o a discotecas. Para estas últimas hay que arreglarse un poco, aunque pueden bastar unos vaqueros bonitos y un par de zapatos planos. **Lilla Baren at Riche** (p. 113) y **Stjärtilleriet** (p. 113) en Östermalm son populares entre los famosos locales.

'Raves' Estocolmo alberga una de las mayores escenas tecno del mundo. El código de vestimenta es un poco más informal, aunque se espera un mínimo de estética. **Huset under Bron** (p. 94), en Södermalm, está genial para empezar.

Música en directo Ver un concierto es una buena forma de pasar la noche. **Fasching** (p. 58) es un valor seguro. Hay que llegar sobre las 23.00. Cierra entre las 2.00 y las 3.00. El límite de edad es estricto y puede ir de 20 a 23 años.

MARIYANA M/SHUTTERSTOCK ©

CUÁNTO CUESTA

Una pinta de cerveza
100 SEK

Una copa de vino
30-50 SEK

Un cóctel en un bar de lujo
170 SEK

Una botella de cerveza en un 'systembolaget'
(tienda estatal de alcohol)
20 SEK

Un café
35 SEK

Un kebab
180 SEK

Un bollo de canela
(kanelbullar)
25 SEK

Comunidad LGTBIQ+

Estocolmo es una de las ciudades más abiertas a la comunidad LGTBIQ+ y casi todos los espacios se declaran LGTBIQ+-*friendly*.

Barrios gais

Estocolmo tiene una larga historia de respeto a la comunidad LGTBIQ+, que incluye instituciones religiosas como las iglesias. No hay barrios gais propiamente dichos porque la gente nunca ha sentido la necesidad de reunirse para sentirse más segura. Hay algunos clubes y bares especialmente dedicados a las comunidades LGTBIQ+ como **Lucy's Flower Shop** en Östermalm y **Mälarpaviljongen** en Kungsholmen, que solo abren en verano.
Aun así, el riesgo de violencia espontánea existe, especialmente tras una noche de fiesta. En general, la gente de Estocolmo no hace grandes demostraciones de afecto en público y en el caso de las personas LGTBIQ+ el riesgo de ser amenazadas por ellas sigue presente. Hay actuaciones *drag*, aunque no tantas como en ciudades más grandes. Se puede ir a **The Blue Oyster** al oeste de Södermalm.

ALOJAMIENTO DURANTE EL ORGULLO

Es más barato quedarse en barrios periféricos como Solna, que tienen buen transporte público durante la semana del Orgullo.

IMPRESCINDIBLE

El Orgullo en Estocolmo

El Stockholm Pride es el mayor festival del Orgullo de Europa. Más que un desfile, se celebran eventos durante la última semana de julio hasta principios de agosto, con fiestas y actuaciones musicales, pero también charlas y conferencias. Como organización, Stockholm Pride recauda dinero en solidaridad con las organizaciones LGTBIQ+ de Suecia y de otros lugares, así que es una buena ocasión para contribuir.

EVENTOS PERIÓDICOS

The Blue Oyster es uno de los bares LGTBIQ+ más famosos de Estocolmo y organiza eventos periódicamente.

Recursos

- **RFSL** *(rfsl.se)* La Federación Sueca para los Derechos de Lesbianas, Gais, Bisexuales, Transgénero, Queer e Intersexuales ofrece apoyo, incluida asistencia legal.
- **Stockholm Pride** *(stockholmpride.org)* Más que una fiesta, también organiza eventos a lo largo del año.

Salud y seguridad

Estocolmo es por lo general un sitio seguro, aunque nunca está de más la prudencia.

AGUA DEL GRIFO

El agua del grifo de Estocolmo es perfectamente potable y en los restaurantes es la que sirven, a no ser que se pida específicamente de botella. Hay fuentes en los parques, tanto para personas como para perros.

Urgencias

Para problemas de salud urgentes hay que llamar al 1177, donde el personal sanitario da consejos o deriva al paciente a otro lugar. Las llamadas tienen el precio de una estándar y la asistencia es gratuita. Los ciudadanos de la UE con una tarjeta sanitaria europea (TSE) reciben asistencia como los demás ciudadanos (gratis), mientras que los ciudadanos extracomunitarios y del EEE deben presentar un comprobante de seguro médico de su lugar de origen o pagar los servicios.

Edad legal

La edad legal para beber alcohol en Suecia es de 18 años, aunque algunos bares la elevan a 20 o 23.

Comprar medicinas en Estocolmo

Algunas medicinas sin receta como analgésicos o antitusivos se venden directamente en farmacias e incluso en gasolineras. Los medicamentos con receta solo pueden comprarse en farmacias con una receta válida. Los medicamentos recetados son gratuitos para ciudadanos con un permiso de residencia hasta una suma determinada. En el resto de casos, hay que pagarlos en su totalidad.

PATINETES ELÉCTRICOS

Se pueden alquilar patinetes eléctricos, pero los menores de 15 años deben llevar casco y solo se pueden aparcar en las zonas habilitadas para tal fin.

A TENER EN CUENTA

Cannabis

Es ilegal poseer y consumir cannabis y las penas son severas.

Seguridad

Hay que asegurar las bicis con un candado. El robo de bicis es uno de los principales delitos en Estocolmo.

Beber en la calle

Beber de noche en algunos parques podría estar prohibido. Hay que leer los carteles.

Turismo responsable

Siguiendo estos consejos el impacto del viaje es menor, se contribuye al desarrollo local y se deja una huella positiva en las comunidades.

Hay que leer la etiqueta

Returnpak o Pantamera es el nombre del sistema de depósito o devolución en Suecia. Un pequeño depósito de 1-2 SEK se suma al precio de los productos en lata o embotellados fabricados en el país (incluidas botellas PET) y se puede recuperar si se devuelve el envase en las máquinas dispuestas para tal fin en grandes tiendas de alimentación e incluso en algunos bares y clubes.

Viaje compartido

No hay necesidad de alquilar un coche si solo se va a visitar Estocolmo y el archipiélago. Es mejor invertir en una tarjeta SL y utilizar el sistema de transporte público.

IMPRESCINDIBLE

Sostenibilidad

Rosendals Trädgårdskafe (p. 84) es algo más que un restaurante, vende artesanía hecha en el lugar y ofrece clases de jardinería y sesiones de recogida de flores en temporada.

Alquiler de bicicletas

El programa de bicis compartidas de Suecia está en proceso de renovación, pero hay varias opciones privadas de alquiler en las diferentes islas. En Gamla Stan, Gamla Stans Cykel (p. 47) ofrece alquiler de bicis y visitas de la parte antigua de la ciudad. En Djurgården, hay bicicletas y rutas en bici disponibles en el Royal Djurgården Visitor Center (p. 77) y Rent a Bike en Strandvägen. Weelo *(weelo.tours)* ofrece alquiler de bicis eléctricas y rutas personalizadas.

Recursos

- **activescandinavia.com** Active Scandinavia ofrece rutas en bici autoguiadas por Estocolmo y otros lugares.
- **visitstockholm.com/see-do/attractions/have-a-sustainable-stay-in-stockholm** Selección de los hoteles sostenibles de Estocolmo.

BEBIDAS DE CERCANÍA

Brännerian Bar (p. 99), en Södermalm, trata de reducir su huella de carbono produciendo todas sus bebidas *in situ* y sustituyendo los ingredientes de sus cócteles por alternativas locales.

Compras de segunda mano

Los artículos de segunda mano de diferentes gamas de precio son muy populares en Estocolmo, que es un buen lugar para encontrar clásicos que no envejecen. **Judits** (p. 99) es de las mejores tiendas de ropa. **Arkivet Second Hand** (p. 141) selecciona su oferta para que los artículos de segunda mano sigan las tendencias actuales. **Worn Vintage** (p. 141), en Vasastan, ofrece prendas de alta costura *vintage* y es muy popular entre las celebridades locales e internacionales. **Humana** (p. 99) y **Stockholm Stadsmission** (p. 127) destinan sus beneficios a diversos programas sociales.

COMIDA SOSTENIBLE

El restaurante del Fotografiska (p. 90), en Södermalm, ha recibido dos de los más altos reconocimientos internacionales por su sostenibilidad. Es caro pero vale la pena.

El cambio climático y los viajes

Es imposible ignorar el impacto de nuestros viajes y la importancia de hacer cambios. Lonely Planet anima a todos los viajeros a involucrarse en su huella de carbono. Muchas webs de líneas aéreas y sitios de reservas ofrecen la opción de compensar el impacto de los gases de efecto invernadero realizando donaciones para iniciativas respetuosas con el clima en todo el mundo.

La **calculadora de la ONU para compensar la huella de carbono** muestra el impacto del transporte aéreo en las emisiones de una familia.

La **calculadora de las emisiones de carbono de la OACI** permite a los visitantes analizar el CO_2 generado en un trayecto concreto.

Accesibilidad

Transporte público

Todas las formas de transporte público de Estocolmo son de fácil acceso por lo general. La empresa SL, que gestiona el transporte de la ciudad, también tiene garantías de sostenibilidad. Si no se puede llegar al destino deseado usando el transporte público, ofrecen asistencia. Hay que llamar al +20 120 20 22 o enviar un mensaje a +70 256 46 81.

Personas mayores

Existen descuentos para personas mayores en varios puntos de interés de Estocolmo, aunque no se requiera asistencia para acceder al lugar. Algunos museos también ofrecen sillas de ruedas y audífonos (hay que preguntar).

Servicio de movilidad

Si el viaje no se puede hacer usando el transporte público, se puede reservar un viaje accesible con hasta 28 días de antelación llamando al +08-720 80 00 o en *fardtjansten.regionstockholm.se*.

VISITAS ACCESIBLES

Hay empresas especializadas en hacer visitas accesibles de Estocolmo como Stockholm by Sophie (*sophieheine.se*).

IMPRESCINDIBLE

El **Nationalmuseum** (p. 60) es seguramente el museo más accesible de una ciudad donde la accesibilidad es una prioridad. Además de las rampas y los pasamanos, un ascensor permite acceder desde la calle y hay un mapa táctil en la entrada para visitantes con problemas de visión. También prestan gafas de aumento y andadores o sillas de ruedas. Hay baños accesibles en cada planta. La entrada es gratuita para acompañantes.

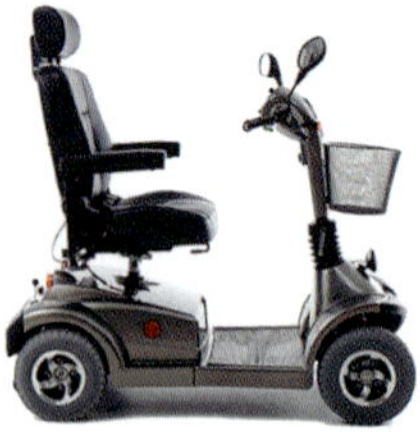

RECORRIENDO GAMLA STAN

La mayoría de las calles de Gamla Stan son adoquinadas, lo que las hace de difícil acceso para viajeros en silla de ruedas. Se recomienda una silla con motor o una ruta en carrito de golf (p. 47).

Recursos

- **t-d.se/en** La base de datos de la accesibilidad permite comprobar la accesibilidad de miles de hoteles y locales de Suecia antes de llegar.

TRISTANJ/SHUTTERSTOCK ©

Lo esencial

Horario comercial

Cambian según la temporada (abren menos horas en invierno). Hay que comprobarlo antes.

Bancos 10.00-15.00

Bares 19.00-00.00

Cafés 7.00-19.00

Clubes 17.00-3.00

Oficinas de correos Los horarios varían. Se puede pagar por envíos en línea *(postnord.se/en/private/sending)* y hay puntos de entrega en varios lugares.

Restaurantes 10.00-23.00 (algunos hacen pausas durante el día)

Tiendas 9.00-18.00 (muchos cierran antes los sábados y no abren los domingos)

Supermercados 6.00-19.00

A TENER EN CUENTA

Zona horaria Hora de Europa Central (GMT/UTC+1 en invierno, +2 durante el horario de verano)

Prefijo del país +46

Emergencias 112

Población 1,7 millones

ELECTRICIDAD

PROHIBIDO FUMAR

Fumar está mal visto en Suecia como resultado de una fuerte campaña y debido a la popularidad de algunas alternativas sin humo, como el *snus* (tabaco de mascar). Está prohibido en las terminales de autobús y en los restaurantes (tanto dentro como fuera) y en parques o cualquier recinto deportivo.

Fiestas oficiales

El solsticio de verano paraliza prácticamente el país durante tres días.

Año Nuevo 1 de enero

Epifanía 6 de enero

Viernes Santo/Domingo de Pascua/Lunes de Pascua marzo/abril

Primero de mayo 1 de mayo

Día de la Ascensión mayo/junio

Día de la Nación 6 de junio

Domingo de Pentecostés finales de mayo/principios de junio

Solsticio de verano tercer viernes de junio

Día de Todos los Santos 1 de noviembre

Día de Navidad 25 de diciembre

San Esteban 26 de diciembre

Öppen
Abierto
Stängd
Cerrado

Idioma

Lo básico

Hola.
Hej. *jey*

Adiós.
Hej då./Adjö.
jey do / ayó

Sí.
Ja. *ya*

No.
Nej. *ney*

Por favor.
Tack. *tak*

(Muchas) gracias.
Tack (så mycket).
tak (so miuke)

Bienvenido.
Varsågod.
var·sha·gud

Disculpa.
Ursäkta mig.
ur·shek·ta may

Perdón.
Förlåt.
feur·lót

Frases útiles

¿Qué tal?
Hur mår du? *jur mor du*

Bien, gracias. ¿Y tú?
Bra, tack. Och dig? *bra tak ok dey*

¿Cómo te llamas?
Vad heter du? *vad jé·ter du*

Me llamo...
Jag heter ... *yag jé·ter ...*

¿Hablas inglés?
Talar du engelska? *tá·lar du éng·el·ska*

No entiendo.
Jag förstår inte. *yag feur·shtor ín·te*

¿Dónde está...?
Var ligger ...? *var li·ger ...*

¿Cuál es la dirección?
Vilken adress är det? *vílken adrés ér de*

¿Puedes señalármelo (en el mapa)?
Kan du visa mig (på kartan)?
kan du vísa may (po kártan)

¿A cuánto está?
Hur långt är det? *jur longt ér de*

¿Cómo se llega?
Hur kommer man dit?
jur có·mer man dit

Números

1	2	3	4	5
ett	**två**	**tre**	**fyra**	**fem**
et	*tvo*	*tré*	*fí·ra*	*fem*

10 frases para hablar como un sueco

¡Genial! **Cool!** *kul*

No pasa nada. **Inga problem.** *ín·ga pru·blém*

Claro. **Javisst.** *ya·víst*

¡No puede ser! **Det menar du inte?** *det mé·nar du ín·te*

¡Es broma! **Jag skojar bara!** *yag skó·yar bár·a*

Vaya... **Vad synd.** *vad siund*

Qué pena. **Vad tråkigt.** *vad trró·kit*

¿Cómo va eso? **Läget?** *lé·yet*

¡Bien hecho! **Bra jobbat.** *bra yó·bat*

No está mal. **Inte illa.** *ín·te í·la*

EL IDIOMA HABLADO

El idioma estándar o **rikssvenska** *(lit.: sueco del reino)* se basa en dialectos de todo Estocolmo. Algunos de los dialectos rurales son muy diferentes, así que no hay que extrañarse si se oyen palabras o pronunciaciones distintas a las de la capital.

El idioma escrito

Los misioneros que introdujeron el cristianismo en el s. XII llevaron a Suecia el alfabeto romano, pero necesitaron modificarlo un poco para representar los sonidos de sus vocales, así que se añadieron algunas letras (*å*, *ä* y *ö*). Son las últimas del alfabeto sueco.

Sonidos distintivos

La mayoría de los sonidos suecos existen en inglés. Una excepción es el sonido *fh*, un fonema aspirado pronunciado con los labios redondeados, como si se pronunciara "f" y "w" al mismo tiempo.

QUIÉN HABLA SUECO

En la cercana Finlandia, el sueco comparte su estatus oficial con el finés y es una asignatura obligatoria en los colegios, pero solo es la primera lengua del 6% de la población. El noruego y el danés se parecen al sueco y los hablantes de los tres idiomas a menudo pueden comunicarse entre sí en su propio idioma.

6	7	8	9	10
sex	**sju**	**åtta**	**nio**	**tio**
seks	*shiu*	*ó·ta*	*ní·o*	*tí·o*

Índice

Puntos de interés p. 000
Págs. de los planos **p. 000**

Véase también los subíndices:
Comer p. 158
Beber p. 159
Comprar p. 159

Comer

Beber

Comprar

La opinión del lector

Nos encanta escuchar a los viajeros, ya que con sus comentarios nos ayudan a mejorar nuestros libros. Podéis escribirnos a lonelyplanet.com/contact; leemos todos los mensajes y garantizamos que estos lleguen a los autores.

Nota: Es posible que algunos fragmentos de estos mensajes aparezcan en nuevas ediciones de las guías Lonely Planet, en la web o en productos digitales. Si preferís que vuestro contenido o nombre no sean publicados, por favor, indicadlo claramente. Para obtener una copia de nuestra política de privacidad, podéis visitar lonelyplanet.com/legal.

geoPlaneta
Av. Diagonal 662-664, 08034 Barcelona
www.geoplaneta.com – www.lonelyplanet.es

Lonely Planet Global Limited
Lonely Planet Global Limited, Digital Depot,
The Digital Hub, Dublín D08 TCV4, Irlanda
www.lonelyplanet.com
Contacta con Lonely Planet en: lonelyplanet.com/contact

Estocolmo de cerca
4ª edición en español – noviembre del 2025
Traducción de *Pocket Stockholm*, 6ª edición – julio del 2025

Editorial Planeta, S.A.
Av. Diagonal 662-664, 7º. 08034 Barcelona (España)
Con la autorización para la edición en español de Lonely Planet Global Limited, Digital Depot,
The Digital Hub, Dublín, D08 TCV4, Irlanda

ISBN: 978-84-08-30618-4
Depósito legal: B. 6.909-2025
Impresión y encuadernación: Unigraf
Printed in Spain – Impreso en España